全国技工院校公共基础课程工匠文化教材

古代工匠故事

潘天波 主编

中国劳动社会保障出版社

图书在版编目（**CIP**）数据

古代工匠故事 / 潘天波主编 . -- 北京 : 中国劳动社会保障出版社, 2024. --（全国技工院校公共基础课程工匠文化教材）. -- ISBN 978-7-5167-6404-6

Ⅰ. K828. 3

中国国家版本馆 CIP 数据核字第 20244KP000 号

中国劳动社会保障出版社出版发行

（北京市惠新东街 1 号　邮政编码：100029）

*

保定市中画美凯印刷有限公司印刷装订　　新华书店经销

787 毫米 ×1092 毫米　16 开本　6.5 印张　90 千字

2024 年 7 月第 1 版　　2024 年 7 月第 1 次印刷

定价：15.00 元

营销中心电话：400-606-6496

出版社网址：http://www.class.com.cn

http://jg.class.com.cn

古往今来，中华大地上涌现了无数独具匠心的瑰宝，这些瑰宝的诞生，离不开那些默默无闻、辛勤耕耘的中华工匠。他们以卓越的技艺和无穷的智慧，共同铸就了璀璨的中华文明。奚仲、郭守敬、吴鲁衡、李冰、李春、鲁班、赵过、马钧、黄道婆、沈子蕃、蒯祥、黄大成、雷金玉、蔡伦、毕昇、欧冶子、戴梓等杰出工匠，在交通运输、桥梁水利、农业耕作、手工技艺、文化传播、冶金军事等诸多领域，为人类文明的发展作出了卓越的贡献。

相传，夏朝时期的奚仲发明制造了以木结构为主的马拉车，被后世尊称为“车祖”，这一发明极大地推动了交通运输的进步。东汉的蔡伦在总结前人经验的基础上，利用树皮、麻头、破布、渔网等原料造纸，通过技术改进，显著提高了纸的质量。欧冶子，身为一名普通的民间工匠，却心怀天下，在越国面临危难之际，他挺身而出，为国铸剑。明代的黄大成精通古今髹漆技艺，尤其擅长剔红，其刀法圆活清朗，可与宫廷作坊的漆器相媲美。清代的雷金玉创造了栩栩如生的“样式雷”烫样，创造了“一家江西样式雷，半部中华建筑史”的传奇。这些工匠们凭借精湛的技艺和非凡的匠心，让工匠精神历经数千年而愈发璀璨。

中华工匠的辉煌成就，不仅属于中国，更属于世界。汉代蔡伦发明的“蔡侯纸”深刻改变了世界文明的进程，其影响深远，美国国家造纸博物馆、法国安贝尔市的蔡伦博物馆以及日本的蔡伦宫都陈列着他的画像或展品，以缅怀他的伟大贡献。宋代毕昇发明的泥活字印刷术，这一创举比德国的古腾堡早了 400 多年，其影响之大，乃至月球上的一个陨石撞击坑都以他的名字命名。元初黄道婆所织的棉布和纺织品远销海外，她发明的“三锭脚踏纺车”在当时堪称世界上最先进的纺织机械，为世界纺织业的发展作出了重要贡献。

这些杰出的工匠们凭借他们的智慧和技艺，不但实现了自身的价值，而且成就了伟大的事业。他们在平凡的岗位上展现了非凡的匠心，这种精神是我们应当学习的人生态度和理想品格。

小工匠，大英雄；小技术，大文明。每一个平凡的岗位都蕴藏着伟大的创新。希望同学们能够怀揣梦想，以匠人之心追求卓越，为中华民族的伟大复兴贡献自己的力量。

目录

第一篇 交通运输

奚　仲 ………………………………… 02
郭守敬 ………………………………… 07
吴鲁衡 ………………………………… 14

第二篇 桥梁水利

李　冰 ………………………………… 20
李　春 ………………………………… 26

第三篇 农业耕作

鲁　班 ………………………………… 32
赵　过 ………………………………… 38
马　钧 ………………………………… 44

第四篇 手工技艺

黄道婆 …… 50

沈子蕃 …… 54

蒯　祥 …… 58

黄大成 …… 63

雷金玉 …… 67

第五篇 文化传播

蔡　伦 …… 74

毕　昇 …… 78

第六篇 冶金军事

欧冶子 …… 82

戴　梓 …… 86

跋 …… 91

01 第一篇

交通运输

奚　仲

在先秦时期，有“千乘之国”和“万乘之国”的说法。这里的“乘”，指的是四匹马拉的车，一辆为一乘。同时，“乘”也是古代军队的编制单位。战车的数量是评判诸侯力量大小的标志，也是衡量军队力量对比的重要因素。那么，发明这些战车的人是谁呢？他就是中国古代著名的车工——奚仲。关于奚仲的传奇故事，要从上古时期的一次大洪水说起。

上古洪水

相传，大约在 4 000 年以前，中国发生过一次很大很大的水灾。那时，天河倾泻如注，大地一片汪洋，老百姓的房屋和田地都被汹涌的洪水冲倒了，淹没了。人们只好逃到树上、高地或者山上去，淹死的、饿死的人很多，人间一片悲惨的景象。

在这种惨境之下，尧帝命令大禹治理洪水。治理洪水需要大量的石料和木材来阻挡洪水的蔓延，而那个时候只能靠人力运送，速度很慢，根本来不及。大禹望着大河长长地叹息起来：“如果能把附近山上的石头和木头很快运到河边，那该多好呀！”

奚仲造车

站在一旁的大臣奚仲被大禹的叹息声深深地触动了。他日思夜想：“如何才能造出既能行走又省力的搬运工具呢？”奚仲不禁想起他的父亲造舟的技艺。但是，舟只能在水中航行，无法在陆地上行走。若能把父亲的水舟改造成“旱舟”就好了。这个想法，一直在奚仲的脑海里盘旋。

河南安阳殷墟博物馆展出的殷代车马坑

有一天，雷电交加，雨水如注，洪水四处漫溢。奚仲想起大禹治水的辛苦，在家里待不住了，冒雨冲出家门。随着一阵忽然袭来的雷电轰鸣，远处高山上的巨石被惊雷劈碎，顺山坡滚落而下。其中有一块巨石滚落的速度很快，也引起了他的思索。他连忙顺着这块巨石滚去的方向追上去查看，发现这块巨石原来是球形的。奚仲灵机一动，心想：如果把这块石头系缚在父亲造的水舟上，岂不是能让水舟变成“旱舟”？

奚仲立刻回家把水舟取出，再打磨出一块球形的石头，安装在水舟的底部，然后牵引水舟，发现果然比原来直接拖拽水舟要省力得多。这一发现让奚仲很是高兴，他兴奋地把自己的想法告诉了正在治水的大禹。大禹略一思索，高兴地大呼道：“好，治水有方了！”紧接着，他让奚仲和其他民工在山中挑选出一些球形的石头，然后把这些石头放在成排的木头下，再令民工牵引木头拖拽而行。果然，民工在拖拽时感觉很省力。

但问题又来了，木排前行的速度还是很慢，而且石球经常会在拖拽木头时滚出木排。奚仲想：是不是石球不够光滑？就这样，奚仲又在家开始做起试验来。他把石球反复打磨成光滑的球体，然后把它固定在一根木头的中间，拖拽木头，发现这样不仅更稳固，速度也比之前要快一些。但是奚仲并不满足，仍然继续废寝忘食地试验，寻求更快更稳固的方法。

无论刮风下雨，奚仲都坚持工作，几乎从未停歇。一年春天的一个傍晚，一阵大风刮起，奚仲头上的圆斗笠被风刮飞了，在地上滚得老远。看到这一幕，奚仲茅塞顿开：原来在风力的作用下，扁圆形的物体不但会转动，并且转动得很快。那么，要是把球状的石头磨制成一块扁平的圆石安装在水舟底部，不就成了新的运输工具了吗？于是，奚仲把原来的石球改成中间带孔的像帽子一样的平面圆形石饼，还在两个圆形石饼圆心插入细木作为“轴”，只要一推动，圆石饼就“轱辘轱辘”地向前滚起来。很快，奚仲发明的“车轱辘”就被用来方便地运输石块和木料了。

发明马车

“车轱辘”发明后，奚仲并未停下思考的脚步。在观察儿子吉光的日常玩耍时他又获得了新的灵感，对“车轱辘”进行了改进。

原来，受奚仲影响，他的儿子也经常在家摆弄造车的部件。在看到父亲造车后，很快，吉光就造出了一辆小玩具车，使用的材料全都是木头。在儿子造木车的启发下，奚仲也产生了将石轮子改为木轮子的想法。之后经过努力，奚仲造出了大型木车。

又有一次，吉光在玩玩具木车的时候，可能是原来经常看到父亲在治水过程中用人力拖拽车辆的画面，吉光就在他的玩具车车辕前放了一头木羊。奚仲看到儿子的新点子后，突发奇想：“将野马驯养为家畜，用马来拉车，不就更省力气了？”就这样，世界上第一辆“创意马车”诞生了。

尊奉车神

奚仲勤于思索，善于创新，他为了治水而发明了木轮车，减轻了人民的辛劳。因此，人民也永远记住了他。奚仲死后被葬于山东滕州附近的奚公山，被后人尊称为“车神”。

后人为纪念奚仲在奚公山下修建的车神广场

郭守敬

在古代，历代皇帝都很重视运河的疏通与开挖，涌现出许多渠工。在众多的渠工中，有一位大师级别的人物脱颖而出，在运河治理方面大放光彩，他就是元代著名的都水监郭守敬。假如元代有互联网，那么郭守敬一定是那个时代广为人知、家喻户晓的顶级“网红”科学巨匠。

生有异才

郭守敬（1231—1316），邢州邢台县（今属河北省邢台市）人。他从小就和别的孩子不大一样，不喜欢嬉戏，也不贪玩，生来特别安静，酷爱研究天文、数学，喜欢摆弄机械，对计时仪器情有独钟。因此在旁人眼里，他就是一位“小郭天才”，甚至有“小神童”的美誉。

传说，在郭守敬十五六岁的时候，曾获得一幅拓印的莲花漏图。莲花漏是一种用来计时的仪器，其构造并不简单。这幅图是北宋科学家燕肃根据古代漏壶绘制的一幅图，其实物早已失传。小小年纪的郭守敬居然能够只根据图样，就参悟出其中的原理与制造方法，可见他在机械设计与加工方面所具有的天赋。

位于北京市的郭守敬纪念馆

师从秉忠

相传，儿时的郭守敬有听故事的爱好，不管大人讲什么，他都十分好奇地仔细听，尤其在祖父郭荣讲述天文故事时，他更是听得津津有味。他还时常打断大人们的谈话，并提出很多异想天开的问题。久而久之，他所懂得的知识比同年纪的孩子要多得多。

在祖父的心里，郭守敬是一个有天赋的孩子，日后一定堪当重任。于是祖父想到了当时最负盛名的科学大师刘秉忠，他既是郭荣的同乡，又是老友，精通天文学和经学。祖父就托人把郭守敬送到他那里学习。刘秉忠的指点与教育，为郭守敬以后的发展做了很好的铺垫。

郭守敬在刘秉忠这里不仅收获了知识，还收获了友谊。他结识了一位年纪比他小的好友王恂，他俩话语投机，很快就成为志同道合的好友。王恂后来也成了一位杰出的天文学家和数学家。

河渠提举

名师出高徒，聪颖的郭守敬很快就在刘秉忠这里学到了他感兴趣的天文、水利、地理知识。刘秉忠遇见这样一位高徒也很是高兴与自豪，他把郭守敬推荐到当时元大都的治水名匠张文谦那里。在刘秉忠、张文谦、王恂的影响下，郭守敬夜以继日地汲取着天文、历法和水利的相关知识，学习也成为他每天最大的乐趣。不久，郭守敬这匹千里马被伯乐忽必烈发现了。

在元代，国家会特别优待技术好的工匠。1262 年，郭守敬受到元世祖忽必烈的召见。一见面，忽必烈就问："大都，粮食短缺，你有何办法？"郭守敬一听，没反应过来，愣了一下，原以为皇帝要问他天文历法之事，然而却出乎意料地问他如何解决粮食问题。但聪明的郭守敬很快就应答："修通大运河，可以解决大都粮食、军事、政治等系列问题。"忽必烈微笑着说："年纪轻轻，还真懂得不少！"忽必烈继续问："修大运河，也是国家的一个发展规划，可是北方地势高、南方地势低，如何让水从低处流向高处呢？"只见郭守敬不慌不忙地应答道："我有六种治水措施，包括您刚才提到的难题，闸门技术就能解决……"忽必烈见他胸有成竹，便好奇地问："你能具体讲一下吗？"郭守敬不慌不忙地回答道："第一，修建漕运河道，打通大都（今北京）与通州（今北京市通州区）的河运；第二，修建灌溉渠，以缓解民田用水以及城市用水问题。"接着又详细讲述了中原治水问题、黄河治水问题、疏浚运河问题，以及有关水利建设的问题。郭守敬的想法有理有据，头头是道。忽必烈被这位 30 多岁的小伙子说出的话震惊到了，并连连点头说："你讲得很有道理。"于是，当场就赐郭守敬为诸路河渠提举，让他去管理全国水利工程。

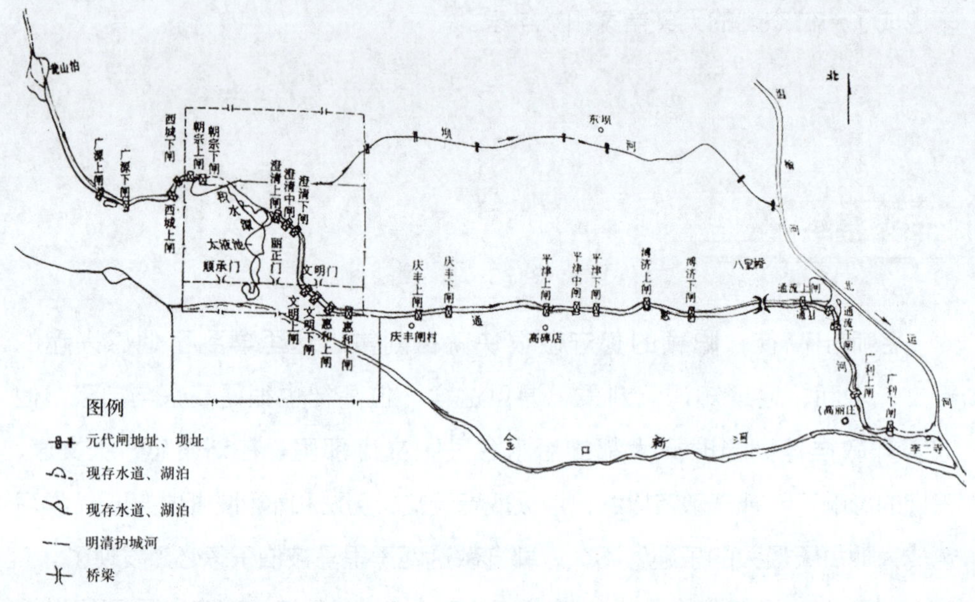

元代通惠河二十四闸图

北京通惠河今貌

西夏治黄

郭守敬被皇帝钦定为诸路河渠提举，一上任就被派到宁夏治理黄河。30 多岁的郭守敬随张文谦来到宁夏后，便马不停蹄地投入黄河两岸的地质地形等勘查之中，尤其是对正渠、支渠展开了周密而细致的调查，记录地势、水情等相关数据。他还经常虚心地请教当地有治水、治淤经验的前辈，向当地有治黄经验的人学习。经过勘查后发现，宁夏地区的河道淤塞严重。有人主张弃旧开新，即新开渠道，废弃原来的河床。郭守敬没有发表意见，一直在紧张地伏案工作，把调查得到的数据反复计算。经过科学的计算与研究之后，郭守敬提出因旧谋新的修渠意见，并预计可以节省 1/3 工期以及经费。他细致地计算出严密的数据，使当时的治河工程人员心服口服，一致同意使用他的方案。

很快，宁夏地区的修渠治黄工程便开始了，然而问题的解决并不是一蹴而就的，接二连三的技术问题出现了。宁夏地区地势落差大，水流湍急，水位不是很高；同时，在枯水期水量也不足。不过，这些问题在郭守敬那里都得到了很好的解决。他提出建滚水坝以减弱水势，在渠道引水处筑堰以提高水位，建水闸以保证渠道有充足水量，建退水闸以调节流量等技术方案。在他的指导下，在元初宁夏地区的水利建设中，普遍采用了新的工程技术，尤其是水坝技术和水闸技术，起到了控制水流、水量和水位的作用。旱时，开闸引水入田，以收灌溉之利；涝时，关闭闸门蓄水，以避泛滥之灾，使整个灌溉系统兼具灌溉、防洪双重效益。水坝技术和水闸技术是人类在控水技术上的一次重大飞跃，也是人工灌溉史上的一个巨大进步。

在修浚旧渠的基础上，郭守敬带领工匠们又开挖了几条新渠。1266 年，他主持修筑的蜘蛛渠灌溉了中卫地区近 3 000 亩农田。郭守敬还向忽必烈建议在宁夏黄河段兴办漕运，得到忽必烈的支持，下令建立了水运驿站。此后，宁夏的黄河航运、农田灌溉发展迅速，黄河两岸呈现一派“塞上江南”景象。

开通惠河

忽必烈为了表彰郭守敬的治黄功绩，提升他为都水监。在宁夏地区修渠的经验中，郭守敬掌握了一整套水利科学知识，为他以后建设水利工程打下了坚实的基础。

1291 年，郭守敬主持修治元大都（今北京）至通州的运河。他经过详细考察后发现，由于自通州至大都的地势逐渐变高，通粮西运很费力。于是他自通州起分段设计了七道闸门，上置斗门，通过闸门分段提高水位，这样便可将通州的仓粮很快运往大都。忽必烈看了郭守敬的方案后拍案叫绝，令其速速实施。

在修建通惠河的过程中，郭守敬解决了长期困扰大运河修建的水位问题和水量问题。为了提高水位，郭守敬创造性地把昌平北的白浮村神仙泉的水（依据北京地势西北高的特点）导入昆明湖，再引进城里的什刹海，然后流入大运河，最后完成了全程 80 多千米通惠河的修建，彻底解决了通惠河的水源问题。通惠河的修建成功大大繁荣了元大都的经济、文化，缓解了北方粮食短缺以及农田灌溉等问题。

深远影响

郭守敬在天文、历法、水利和数学等方面都取得了卓越的成就，为后世留下许许多多的物质和精神财富。他发明了仰仪、简仪、高表等 12 种天文仪器，建成了当时世界上设备最完备的北京天文台。郭守敬编制的新历法，确定一年为 365.242 5 日，这是当时世界上最精确的历法。

西方传教士利玛窦这样评价：“郭守敬的天文仪器，其规模和设计的精美远远超过在欧洲所曾看到和知道的任何这类东西。”为表彰郭守敬的杰出成就，1970 年，国际天文学会以他的名字为月球上的一座环形山命名。1977 年，国际小行星中心将小行星 2012 命名为“郭守敬小行星”。中国科学院国家天文台也将其研制的望远镜命名为“郭守敬天文望远镜”。

郭守敬的治水科学技术被广泛应用于后人的水利建设中，他的工匠精神也世世代代被人们传颂。

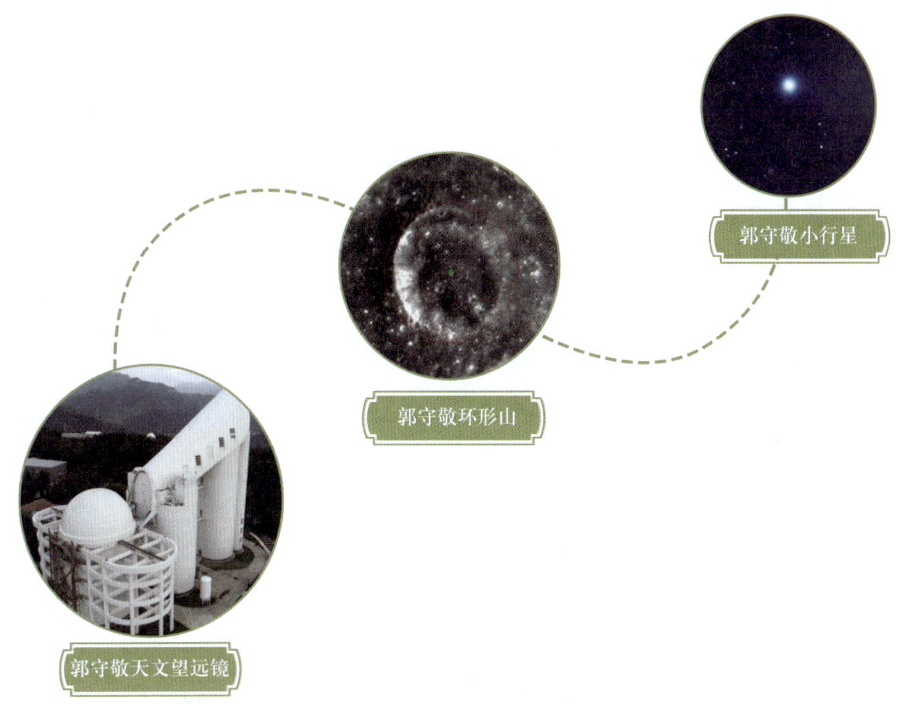

吴鲁衡

罗盘是广泛运用于天文、地理、军事、航海和各类建筑选址定位的重要仪器，是中国古代四大发明之一指南针的延续和发展。中国罗盘技术的世界性传播，不仅加速了欧洲自然科学的发展，还催生了新的地理观，彰显了中国科技文明在世界文明发展中的重要地位和深远影响。这样精密的仪器，自然离不开罗盘工匠的精湛技艺，其中最为著名的便是清代工匠吴鲁衡，他的吴鲁衡罗经店更是名震四海，其制作的罗盘享有“徽盘”的美誉。

拜师学艺

自古以来，中华工匠都是通过师徒相承的方式传承技艺。技艺高超的罗盘匠吴鲁衡的师父是谁？他制作的徽盘又蕴含了哪些独特工艺呢？

据《吴氏家谱》记载，吴鲁衡从小天资聪颖，心灵手巧，对指南针特别感兴趣。虽然在当时工匠行业并不被视为人生发展的首选职业，吴鲁衡的父亲却十分尊重他的想法，将他送到方秀水罗经店当学徒，学习罗盘制作工艺。方秀水罗经店是万安（今安徽省休宁县万安镇）最早的罗盘名店，在罗盘制作方面具有独到的经验与技术。

聪明好学的小鲁衡去了方秀水罗经店之后，很快就赢得了店主的赏识。相传，小鲁衡天赋异禀，对罗盘工艺谙熟于心，并不时还会有创新想法与店主一起分享。小鲁衡除有一双灵巧的手之外，还有一颗智慧的心以及会说话的小嘴巴，十分讨人喜欢，进而获得了更多的手把手学艺的机会。

罗盘的制作工艺精密复杂。想要制作好一块罗盘，从选料到最后一步安放磁针出成品，少则数月，多则三五年，更别说学习雕刻制作与包装设计所花费的时间了。然而，机灵的小鲁衡从开始当学徒，到后来自立门户制作罗盘，一共只花了不到 8 年时间。

徽盘巧艺

除包装之外，罗盘的制作工艺一般有七道大的工序，每一道工序下又包括多道小工序。吴鲁衡所制罗盘的特色是其既秉承古法，又注重创新，追求精益求精的工匠精神，并将这种精神贯穿于他制作罗盘的每一道工序之中。

第一道工序，选材制坯。

选材制坯是罗盘制作的第一道工序，也是吴鲁衡制作的罗盘区别于其他地区罗盘的重要标志。徽州地区多产坚硬材质的银杏、虎骨木，吴鲁衡制作罗盘选取的原料主要是这两种木材。银杏木质细腻，不易变形，使得在写盘时字符能够清晰可见；虎骨木的木质更为细腻，但其生长周期长，成材时间将近是银杏的一倍，更为稀有。为了防止木材在运输过程中翻滚、碰撞，影响后期的罗盘制作，他就亲自背回来。采集回来的木材一般还要在通风阴凉

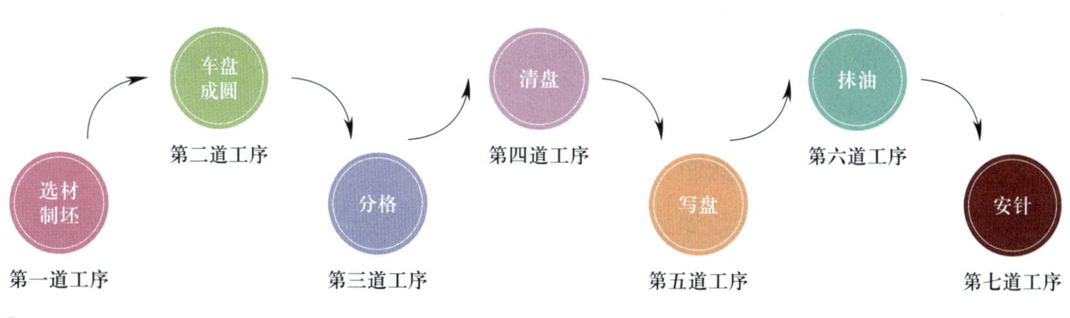

罗盘制作工序

的地方阴干三五年，再裁制坯料。另外，吴鲁衡对木坯表面的刨平技术也力求精益求精。

第二道工序，车盘成圆。

车盘是将挑选好的银杏或虎骨木原料车圆成型。这道工序是由人力踩踏木质车床的踏板车圆罗盘，然后在坯盘中心挖装磁针的圆孔，并留出天池的位置。挖好圆孔后，需要用细砂纸和木贼草在罗盘的表面反复进行打磨，直至光滑。

第三道工序，分格。

分格就是根据所要制作的罗盘的盘式和大小，在罗盘盘面上进行分格，使人们能够精确得到方向的数据。一般是按照图谱，从同一圆心出发，以不同的长短为半径画圆，这些圆的弧线就构成了罗盘的横格。然后按照阴阳八卦、天干地支等的排列方式，在罗盘上刻画出直线，形成直格。

第四道工序，清盘。

清盘工序主要是用墨粉对盘面刻画留下的线槽进行渗黑处理，用墨色填充罗盘盘面刻画处，留下墨迹，为下一道写盘工序提供方便。清盘中使用的墨以徽州制作的徽墨为主。渗黑后，待罗盘晾干，用刀轻轻刮去罗盘表面多余的墨迹。此时墨粉会留在罗盘的线槽中，然后再用细砂纸和木贼草再次进行磨光，使得盘面整洁平整，能够牢固地附着墨迹，以便于在盘面上书写文字和符号。

第五道工序，写盘。

写盘就是用毛笔在罗盘盘面上以小楷字体进行书写，书写内容根据所制作罗盘的盘式和尺寸来确定。写盘完成后要反复校对，以确保书写内容和位置准确无误。

第六道工序，抹油。

吴鲁衡制作罗盘是先写盘再抹油，这与福建一带先抹油再写盘有所不同。尽管这种方式增加了书写的难度，但却能够使罗盘表面的漆层不容易开裂，罗盘更容易保存，使用寿命更长，这也是吴鲁衡罗盘制作工艺的一大特点。

抹油工序使用的是专门熬制的桐油，其熬制工艺独特。用桐油油漆的罗盘具有防水、防虫、不易开裂的特性，同时还能减缓罗盘的腐化，延长其使用寿命。而抹油与打磨是一个反复循环的过程，每抹一次油，都要待漆干后进行打磨，然后再抹油、再打磨，直到罗盘表面平整有光泽。

第七道工序，安针。

安针是罗盘制作中技术含量最高的一道工序。吴鲁衡采取的磁化方式是将钢针放置在天然磁石上，从而使磁针磁化。这样能够使磁针具备灵敏度高、永不退磁的性能。经过磁化处理后，磁针指南的一端还会被涂上特制的朱砂。接下来是磁针的安装环节，这一环节对制作者的手感、眼力和听力要求极高。磁针安装完毕后，若涂了特制朱砂的那一端稳定指向南方，则证明磁针安装基本成功。再经过最终调试并封盖圆玻璃片，一台罗盘就制作完成了。

在上述罗盘制作工艺中，最关键和最具特色的是选材、清盘、抹油这三道工序：珍贵的银杏、虎骨木确保了罗盘的质地优良；使用优质的徽墨清盘，为文字刻画带来保障；徽州桐油油漆为抹油提供了最优质的原料。另外，徽雕、书法等科学与艺术在工艺中的完美融合，也使吴鲁衡的罗盘广受美誉。

经营店铺

随着民营手工业的兴起，经营店铺成为手艺人的第二项必修课。吴鲁衡学得了一手好手艺之后，萌生了经营罗经店的想法。

于是，吴鲁衡在万安镇老街创设了自己的店铺——吴鲁衡罗经店，制作并售卖罗盘、日晷及指南针等。由于其产品工艺精湛，承继古法而又能适时创新，广受欢迎。同时，在“徽商”和“徽匠”的共同推动下，产于万安的罗盘被誉为“徽盘”，行销全国，并远销至东亚、东南亚和欧美等地。

世代传承

时至今日，很难想象，人们只要搜索“吴鲁衡罗经店”，仍能买到这个起源于清朝的优质罗盘。一代又一代的吴氏子孙静心守护、传承着吴鲁衡罗盘制作工艺，至今已是第八代，传承人是吴兆光先生。

清代吴鲁衡罗盘

2006 年，万安罗盘制作技艺入选首批国家级非物质文化遗产名录。现在，吴鲁衡罗经店在原有的百年老作坊基础上，已经建成万安罗经文化博物馆，在这里游客还可以亲眼看到清代罗盘等珍贵的历史物件。

02 第二篇

桥梁水利

李 冰

早在 2 300 年前，充满智慧的中华工匠便修筑了世界上第一座水利工程——都江堰，这一创举将原本多灾的蜀地变为富饶的“天府之国”。主持设计和施工都江堰水利工程的，便是战国时期蜀郡太守李冰。那么，这座历经千年的传奇水利工程是如何被设计并修建出来的呢？其中又有哪些鲜为人知的故事呢？

都江堰

蜀守升仙

民间流传着这样一段“蜀守升仙”的故事。

《大安王庙记》云：

“冰一日循视水道，至广汉溯江而上，因有‘马沿河’之名；至后城山，遇羽衣人，谓冰曰：‘公德入于民深，名注天府久矣。上帝有诏，命予来迎。’遂挟之飞升而去。”

相传，由于李冰“导洛通山”的杰出功绩——他通过架火烧山使岩石高温，再借助汛期山洪的水击效应，利用热胀冷缩形成的巨大冲击力使山崖崩塌，从而拓宽山口，使暴雨积水得以疏导，洪水危害减少——他被蜀地人民认为是下凡的“仙人”。在他死后，上帝下诏，命仙人来迎，于是他便飞升仙界。尽管这个民间故事有一定的想象与神话色彩，然而，这些传说足以显示蜀守李冰在蜀人心目中的崇高地位。都江堰的修建成功，使得蜀地沃野千里，百姓丰衣足食、安居乐业。

变法斗蛟

在古代，人们还无法用科学来解释水利工程的原理，坊间便流传着“李冰斗蛟”的神话故事。

相传，秦昭襄王伐蜀的时候，诏令李冰担任蜀郡郡守。李冰到任后得知，此地江里有一头大水蛟兴风作浪，导致大片土地被淹没，许多民房被冲毁，蜀地人民流离失所，无家可归，苦不堪言。对此，作为一方父母官的李冰心急如焚，夜不能寐，他下定决心要为民除害。

为避水难，这头水蛟被当地人奉为“神仙”，每年都要献上两名年轻的女子。到了祭祀的日子，李冰把自己的女儿稍作打扮，便投入了滚滚江水之中。李冰则径自走上神坛的座位，举起酒杯说道：“江神，您得到了我的女儿，理应相见，互相敬杯酒呀。”说着，李冰先自饮一杯，此时江中波涛更加汹涌。李冰大声呵斥：“江神，你太小瞧我了！我要讨伐你，和你决战！”只见李冰怒拔宝剑，摇身一变，变成了一头大水牛，猛地扎进水里去，与那蛟怪搏斗。那蛟怪十分狡猾，也变成了一头和李冰一模一样的大牛，二牛在水里斗得波浪滔天。霎时间，天昏地暗，冲天巨浪翻滚不休。李冰和蛟怪斗了一整天，也分不出胜败。

随后，李冰无奈又恢复人形，上了岸。思考良久之后，他挑选了数百名勇猛的士兵，配备上强劲的弓箭，让他们在江边严阵以待，并嘱咐道：“刚刚我化作牛形，想要杀死这水蛟，没想到这水蛟竟也变成牛形与我相斗，让你们难以分辨。这次我会在身上系个白绸子，你们在岸上看准了，往那没有白绸子的牛身上猛射，定能除掉那水蛟！”等到士兵们准备就绪，李冰就大喝一声，纵身一跃，跳进了滚滚波涛。不一会儿，狂风大作，天空响起了炸雷，恶浪滔天，在波涛间果然出现了两头拼死争斗的大牛，其中一头牛身上系着白绸子。岸上的士兵们看准时机，张弓搭箭，几百张硬弓齐放，上千支利箭射向水蛟。刚刚还神气十足的水蛟瞬间败下阵来，被李冰成功降伏了。

神奇渝堰

“李冰斗蛟”当然只是神话传说，但也反映了蜀地人民对李冰修建都江堰治理水患的感激与敬仰之情。从科学的角度来看，都江堰的修建有以下五大“神奇”之处，也是李冰治水的科学办法。

其一，设鱼嘴分江。

鱼嘴是都江堰的分水工程，因其形如鱼嘴而得名。它昂首于岷江江心，把岷江分成内外二江。西边叫外江（俗称“金马河”），是岷江的正流，主要用于排洪；东边叫内江，是人工引水渠道，主要用于灌溉。鱼嘴的设计巧妙地利用了地形、地势，实现了分流引水的功能，而且能在洪水、枯水季节自动调节水量。

其二，筑金刚堤。

金刚堤是鱼嘴分水堤身左右侧的护堤，起于鱼嘴，止于飞沙堰。它被分为外金刚堤和内金刚堤，外江沿外金刚堤、内江沿内金刚堤下流，其作用就是把岷江分成外江和内江，并根据季节与水流情况调节两江的水量。由于外江地势低，水流会带动底部大部分的泥沙一起排走，而内江地势高，剩余相对不那么混浊的水流从这里分流出去，从而实现了分水排沙的功能。

都江堰鱼嘴

其三，设飞沙堰。

金刚堤下设飞沙堰，起到滚水坝（一种高度较低的拦水建筑物，其主要作用为抬高上游水位、拦蓄泥沙）的作用。飞沙堰是一个非常低矮的堰，当内江水位过高时，内江水便会越过飞沙堰流入外江，实现自动泄洪。飞沙堰所具有的显著的泄洪排沙功能，是都江堰保护成都平原免受水灾的关键。

其四，凿宝瓶口。

留在宝瓶口右边的山丘，与山体相离，被称为离堆。在离堆上凿出形如瓶颈的宝瓶口，起到了节制闸的作用，能自动控制内江的进水量。宝瓶口与飞沙堰配合使用，不仅能调节水流大小和控制内江进水量，还能形成壅水（指因水流受阻而产生的水位升高现象）和漩流，使流入内江的水更加清澈。

其五，建桥疏导。

李冰在建成都江堰后，为避免成都遭受水灾，又将内江的两大支流（郫江和检江）加以疏浚，将两支流的水引导至成都城下，并建桥七座，以行舟船。此外，他还兴办了青衣江疏导工程，引绵水灌溉资中一带稻田。经过李冰的规划建设，蜀地“旱则引水浸润，雨则杜塞水门”，可谓是“时无荒年”。

由此可见，都江堰不仅具有泄洪的作用，还能够自主排沙，方便农田灌溉。不管是设鱼嘴引水灌田、筑金刚堤障水，还是设飞沙堰滚水、凿宝瓶口节水等设计，都是前所未有的水利工程创举。

利泽千秋

都江堰水利工程利泽千秋，是蜀守李冰心系苍生而铸就的伟业，不仅为蜀地人民带来福祉，更为秦国的统一大业奠定了基础。他的水利工程建设与治理策略，至今仍为世人传颂。

汉武帝元鼎六年（公元前 111 年），司马迁奉命出使西南时，曾实地考察了都江堰，他在《史记 · 河渠书》中高度赞扬了李冰修建都江堰的丰功伟绩。蜀汉建兴六年（公元 228 年），诸葛亮北伐，征兵丁千人以守护都江堰，并设堰官加以维护。这一举措开创了历代设专职水利官员管理都江堰的先河。

元世祖至元年间，意大利传教士马可 · 波罗游历都江堰后，在其游记中描述了“船舶往来甚众，运载商货，往来上下游”的繁荣景象。清同治年间，德国地理学家李希霍芬在考察都江堰后，盛赞都江堰灌溉方法之完美，在世界各地都没有可与其相比的。

李冰所修建的都江堰水利工程，不仅在中国水利史上留下了浓墨重彩的一笔，更在世界水利史上占据了举足轻重的地位。都江堰至今仍发挥着防洪灌溉和运输等多重功能，守护着这片土地上的人民。而这位在 2 000 多年前就完成水利工程伟大创举的李冰，也因此被世人尊称为“川主”。

李春

在古老的京杭大运河上，坐落着许许多多的桥梁，如杭州的拱宸桥、苏州的宝带桥、无锡的清明桥、绍兴的太平桥等。却有这样一座桥，它在 1991 年被美国土木工程师学会选定为“国际土木工程历史古迹”，成为世界文明的标志之一。这座富有传奇色彩的桥梁，便是位于河北赵县的赵州桥。

智慧的中国人民建造了数不清的桥梁，在这片土地上也诞生了数不清的桥梁工匠和工程师。赵州桥的成功建造，无疑是中华文明史上辉煌的一笔。这样一座堪称艺术珍品的桥梁，它的设计者是谁呢？他就是隋代著名的造桥匠师李春。那么，李春是如何建造赵州桥的呢？

神仙过桥

坊间流传着这样一段神话故事。这个神话故事发生在今天的河北赵县一带，叫作“神仙过桥”。传说，赵州桥是鲁班建造的。一天，有两位神仙来到了桥头，一位是骑着小毛驴的张果老，还有一位是推着小车的柴王爷。两人正准备过桥，却发现这座赵州桥很平坦，桥拱的弧度不大，与平常的桥不太一样。两个神仙你看看我，我看看你，谁也不敢先过，很担心地去问鲁班：“鲁班师傅呀，你造的这座桥和我们见过的圆拱桥不太一样呀，它能经得住我们俩吗？”

鲁班笑着应答：“桥能不能过，请两位神仙走上去，不就知道了吗！”

赵州桥

张果老听到鲁班这般回答，倒显得有些不高兴。心想：我倒要看看这座桥有什么神奇之处。于是，张果老使用法术，把太阳、月亮装进自己的口袋里，柴王爷把五座大山放在小车之上。就这样，一个骑着驴，一个推小车，走上桥头。大桥被压得晃悠，却并未崩塌。两位神仙连声称赞："罕见呀！好结实的桥！"

当然，这些只是人们为说明桥的坚固而编的神话故事。赵州桥的设计者并不是鲁班，而是隋朝匠人李春。

揭榜造桥

相传，李春是赵郡人，即今天的河北赵县人。他的父亲是当地有名的石匠。从小，李春就跟随父亲学习盖房子、造木桥，掌握了一套石匠技艺和造桥的技术。到了隋文帝开皇年间，一位长者告诉李春："国家正在招募造桥的工匠，你不去试试看吗？"谦虚的李春说："我在我们村修座小桥还行，国家要修建大桥，我哪有那本事呀！"这位长者听后，语重心长地说："年轻人呀，你要大胆地走出去。我看你确实有技术，应该试一试！"可惜，李春最终还是谢绝了长者的好意。

又过了一个月，官府派人来赵郡招募工匠，在李春的村子里张贴了告示：对于参与造桥的工匠，可以免役免税三年。又恰逢洨河上的石柱桥被冲垮了，李春年迈的父亲心里十分着急，就想参加修桥。李春为了安抚老父亲，也为了缓解家中每年的役税，他决定替父造桥。

然而，前来报名参加造桥的工匠没几个，官府人员为了早日完成任务，只略略地扫了一眼，就指着年轻健壮的李春说道："这修建洨河桥的任务，就交给你吧，好好干，年轻人！"李春心里虽然十分惶恐，却也不敢反驳，只能硬着头皮把任务接了下来。同时，他心中也不免紧张起来，一方面怕辜负家中修桥心切的老父亲的期望；另一方面，他想起前些天负责造桥的官员同他说的一番话："你今天若是造成了一座桥，明天就能造福一代人；若是这桥造得不成功，便可能毁了许多人的性命。"想到这里，李春感到肩上的担子越发重了，忧虑得夜不能寐。

接到任务的李春先带领工匠们进行了细致的实地勘查，然后他再考虑造桥方案的设计。那么，最终李春能否建造出一座可以抵挡洪水的桥呢？

奇特拱桥

当时，洨河的河水湍急，每逢汛期，汹涌的水势往往将大桥冲毁，李春决定采用敞肩的方法分泄洪水。这一创新是对传统拱肩设计的重大改进，是将以往桥梁建筑中采用的实肩拱改为敞肩拱，即在大拱两端各设两个小拱。

这种大拱加小拱的敞肩设计，不仅显著提高了桥梁的技术性能，更有效增强了泄洪能力，减轻洪水季节因水量增加而产生的巨大冲击力，极大降低了洪水对桥梁的损害，提高了桥梁的安全性。

同时，李春还考虑到，洨河作为运河，来往船只流通较多，如果采用传统方法设计成多孔桥，虽然实现了桥上平缓，但是由于桥墩多，既不利于舟船航行，又妨碍洪水宣泄。同时，桥墩长期受水流冲击、侵蚀，天长日久也容易塌毁。因此，李春在设计时采取了单孔长跨的形式，即在河心不立桥墩，使石拱跨径长达 37 米之多，这可是中国桥梁史上的空前创举。

“单孔”“敞肩”可谓是伟大的创举，更是技术与美学的完美统一。1933 年，我国著名建筑学家梁思成考察了赵州桥。第二年，他完成了《赵县大石桥即安济桥》一文，其中写道：“这桥的造法及式样，乃是一个天才的独创，并不是普通匠人沿袭一个时代固有的规矩的作品。”这是对赵州桥和其设计者李春的由衷赞美。

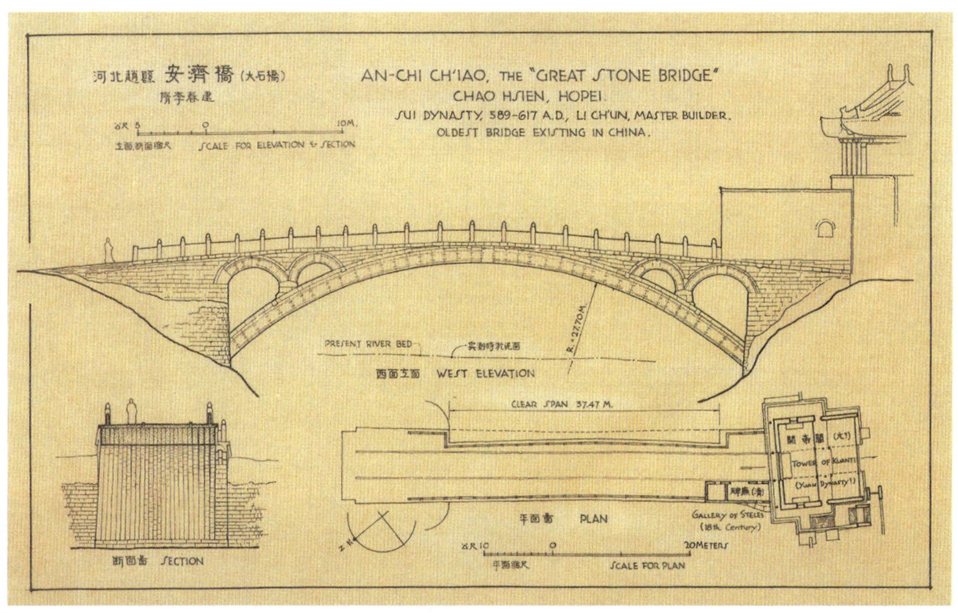

赵州桥（旧称安济桥）手绘图（梁思成绘）

桥梁典范

在《中国科学技术史》中，英国的科学史学家李约瑟列举了 26 项从 1 世纪至 18 世纪由中国传到全球的科技成果，其中就包括弧形石拱桥。赵州桥的建造要比欧洲的同类桥早 1 200 多年，这无疑是对世界桥梁史的一个巨大贡献。

尽管在史料中关于李春几乎没有什么记载，他的生平也无从得知，但李春造桥的故事，一直在民间流传。也许，赵州桥并不是李春一人所造，但他无疑是隋代造桥工匠的杰出代表。以李春为代表的隋代造桥工匠，为了人民的福祉辛勤工作，他们的工匠精神也世世代代被人民颂扬。经过千百年的风雨洗礼，这座古桥依然屹立在洨河之上。中国工匠凭借自己的智慧与才能，创造了世界文明史上的奇迹，赵州桥也成为世界桥梁史上的一个具有代表性的文明符号。

03 第三篇

农业耕作

鲁 班

明代诗人梅之焕曾来到李白的墓前，留下传世诗句："采石江边一堆土，李白之名高千古。来来往往一首诗，鲁班门前弄大斧。"这首诗中蕴含了一个广为人知的成语——班门弄斧，意指在行家面前卖弄本领，自不量力。这里提到的鲁班是何许人也？他在工匠史上的地位，与李白在诗坛的影响力不相上下，两位都是各自领域里的巨匠。

山东滕州鲁班纪念馆

班门弄斧

相传，有一天，一位年轻的木匠昂着头，走到一个大红门的房子前，高高地举起斧子说：“我这把斧子，别看它不起眼，不管是什么木料，只要用我的斧头一砍，就会制作出漂亮无比的东西来。”

旁人听了，觉得他太骄傲，就指着身后的大红门说：“小师傅，你能做出比这一扇门还好的门吗？”

年轻的木匠傲慢地说：“这有什么难，想当年，我曾经当过鲁班的学生，难道还做不出区区一扇大门？真是笑话。”

众人听了，忍不住大笑道：“这就是鲁班先生的家，这扇门就是他亲手制作的，你真的能做出比这扇门还好的门吗？”

年轻的木匠尴尬地挠了挠头，很不好意思地溜走了。后来，人们便把这种不自量力、在行家面前卖弄的行为称作“班门弄斧”。

这个传说也使我们从侧面了解到鲁班一定是一位了不起的匠人，拥有非凡的技艺。

工匠世家

鲁班到底是何许人也？相传，鲁班是春秋时鲁国人，姬姓，公输氏，名班，人们习惯称他为“鲁班”。鲁班出生于一个工匠世家，他的父母、妻子及妹妹都喜爱发明创造，且精通木工技艺。

受到家庭的熏陶，鲁班从小就对木工手艺产生了浓厚兴趣。有一次，年幼的鲁班正在雕刻一只凤凰，雕到一半的时候，有人讥笑道：“你雕刻的凤凰脑袋不像脑袋，身体不像身体，真糟糕！”鲁班听了非常生气，但他并没有就此放弃。经过反复琢磨和不懈努力，鲁班终于将凤凰刻画得栩栩如生。

据说，鲁班家境并不富裕，因此自幼便跟家人一起参加土木建筑工程的劳动。鲁班的母亲不仅是鲁班创造发明的参与者，还是他作品的试验者。工匠在做木工活时，需要有人帮忙拉住线头以便放线。当鲁班使用墨斗给木料放线时，他的母亲就要停下自己手里的活儿来帮忙。为了解决这一不便，鲁班和母亲一起反复试验，在墨线头上拴了一个钩，再放线时，只需用小钩钩住木料一端，便可由一人完成弹墨线的工作。后来，为了纪念鲁班和他的母亲，木工们把墨斗放线前面的拉钩取名为“班母”。

鲁班的妻子云氏也是一位出色的工匠。据说鲁班在使用刨子刨木料时总是由妻子云氏扶着木料，后来夫妻俩经过反复琢磨，改用木橛子制成卡口，固定在推刨子的木板头上，这样刨木料时就不必有人去扶着了。后人为纪念鲁班妻子对鲁班的帮助，就将这个卡口称为“班妻”。有传说，鲁班的妻子云氏还是伞的发明者。云氏除操劳家务外，还常常帮助鲁班干些木工活，在鲁

鲁班纪念馆木工房展厅

班的影响下，她也养成了遇事勇于探求的精神。她看到丈夫和很多工匠成年累月在外给人盖房子，经常遭受风吹、日晒、雨淋，没有什么东西遮挡，很是辛苦，于是决心帮他们解决这一问题。经过反复试验，她模仿荷叶的形状精心制作了一把伞，这把伞就像是可以移动的小房子，出门遇上雨雪或是烈日，都可以遮蔽，还方便携带。

发明锯子

传说，鲁班还发明了曲尺、刨子、凿子、锯子等许多木匠工具。关于锯子的发明，有这样一个传说。有一年春天，鲁班受邀为鲁国建造一座大宫殿，需要限期完成。由于当时还没有发明锯子，工匠们只能吃力地用斧头砍树。尽管他们披星戴月、夜以继日地拼命劳作，但收获的木料却十分有限。

眼看工期一天天逼近，鲁班心急如焚，决定亲自上山砍伐树木。上山的路陡峭难行，鲁班只能抓住路边的树枝和杂草，小心翼翼地攀爬。不料，他的手被一株细软的小草割伤，流出血来。鲁班暗自想："一株小草竟如此锋利，能把我的手划破？"他睁大双眼，仔细观察，发现原来看似柔弱的小草两边长满了密密的细齿。

鲁班大受启发，如果按照小草上的锯齿那样，做成一种有齿的工具，再用它来锯树，一定会省时、省力。说干就干，他用大毛竹做成一条竹片，切割出许多小锯齿，然后试着在树干上前后拔动，树干便被划出一道浅浅的痕迹。但由于竹片的强度和硬度有限，这种竹片锯的使用寿命很短，伐木的进度还是无法跟上建造宫殿的速度。

后来，善于思考的鲁班又想到用强度、硬度都比毛竹高的铁片来制作锯子。他请金属锻造匠人帮忙，锻造出带有许多小锯齿的铁条。鲁班再次来到山上进行试验，随着铁条被来回拉动，树干很快被锯断了，整个过程既快捷又省力。锯子就这样被鲁班发明出来。

精于计算

相传，鲁班在云游四海时，手上的盘缠用完了。为了筹措旅费，他决定去楚国的一个建桥工地打零工。鲁班找到工地的工头，工头说：“老人家，我们这个工地很看重一个人的技术活，桥梁上的每一块条石都是经过计算的，要是有误差可是要杀头的。”鲁班见工头不愿意招雇他，就说：“我尽管年纪大了，但还是有一些力气的。”只见那工头指着身边的大石磨，笑着说：“老人家，您看看这大石磨，想当年鲁班大人发明它，一定是有眼力和手力的。这里的活儿不是老人家能做的。”鲁班只是听着工头的话，也没有说出自己的身份。一旁的副手看鲁班很可怜，就说：“老人家，您可以到我这里来，就做点粗活吧，舂米磨面什么的，您应该可以做的。”鲁班爽快地答应了。

到了第二天，鲁班走上正在修建的桥头，用尺子仔细测量了每一块条石。他不去舂米磨面，就一个人用心地去凿一块被废弃的条石。鲁班一做就是三天，一块废弃的大石条被他凿得差不多了。鲁班问工头：“这几天你们还没有付我工钱，就付一块大石条的工钱 1 文钱可否？”工头冷冷地说：“老人家，不是我不付工钱，而是你实在没有做什么活儿，你要是能搬动这块大石条，你就把它带走吧！”鲁班没有接话，他蹲下身，用手掀起大石条的一头放在膝盖处，然后用手一夹，就把他自己凿的大石条带走了。

鲁班夹着大石条来到一家酒家门前，继续凿了起来。酒家的老板娘见这位老人家已经凿了一上午，连口水都没有喝过，她好奇地问：“老人家，您在凿什么东西呢？”鲁班回答说：“我在凿猪槽呢！”老板娘心想：“这老头儿，明明是一块齐齐整整的大石条，怎么说是猪槽呢？当石凳还差不多。”正当鲁班起身要走的时候，老板娘说：“老人家，您的猪槽还没有带走呢！”鲁班说：“这个就送给您了！”老板娘一看，这大石条放在门口做条凳不错。于是，她送给鲁班很多熟玉米、馒头。她觉得老人家在外不容易，又给了他 10 文钱做盘缠。鲁班接过老板娘的馈赠后，笑着说：“过些日子，如有人想要您的猪槽，您就向他们索取 100 文钱，作为嫁妆，送给您女儿。”老板娘心想：“唉，这老人家，怕是糊涂了。”

过了一段时间，老板娘听说，村头的石桥要竣工了，楚王要亲自来验收剪彩。老板娘也来桥头凑个热闹，但听那工头说，因为原来开凿的石条太大了，还差最后一块大石条无法放入。眼看楚王要来验收了，这可如何是好？老板娘看了一眼，突然想到：“我家有一块大石条，可能放得下。”尽管工头将信将疑，但还是立即派人去老板娘家取来大石条。让所有人惊讶的是，这块大石条居然与最后一块凹槽一模一样大小。正当工头命令工人们把这块大石条落入凹槽时，老板娘一屁股坐在大石条上说：“这是我家姑娘的嫁妆，要 100 文钱呢，不给钱，是不能给你们的！”工头只好答应了老板娘，给了她 100 文钱，之后就把这块大石条严丝合缝地放入了凹槽。工头问老板娘：“你是从何处得来这块大石条的？”老板娘说：“这块大石条，是前几天一位姓‘鱼’名‘日’的老人家送给我们的。”工头一旁的副手拍着脑袋说：“姓‘鱼’名‘日’，不就是‘鲁’吗？难不成是鲁班吗？”众人都被鲁班精于计算的手艺折服了。

传说，鲁班还是石磨的发明者。有一天，鲁班看见年迈的母亲在用力用杵臼舂米。而由于母亲身体不好，她连石杵都无法举起。看到此情此景，鲁班让妻子取两块圆石，并在圆石上凿出像锯齿一般的槽。就这样，“石磨”被发明出来了。而实际上，磨子是劳动人民在实践中创造的。鲁班的名字已经成为古代劳动人民智慧的象征，也成为中国古代能工巧匠的一个“符号”。

赵过

西汉时期的赵过是一位有名的农学家，他的许多农业科技发明都令人惊叹不已。他都有哪些技术发明，这些技术发明为中国农业发展作出了哪些贡献？我们从赵过身上能领悟到怎样的工匠精神呢？

搜粟都尉

赵过，汉武帝时人，籍贯、生卒年不详。他曾任搜粟都尉，不仅掌管军需粮草的征收与管理，而且兼管全国农业生产。因此，他既是一名军官，又是一位农官。然而，他更为人知的身份是西汉著名的农业工匠、技术革新家和机械发明家。

传说在汉武帝征和四年前后，汉朝与匈奴连年征战，导致国库空虚，社会矛盾也因此开始激化。汉武帝为了摆脱社会矛盾，决心改弦易辙，提出了富国强民的新国策，着手发展农业生产，大力发展国内农业经济。为此，汉武帝需要一个懂得农业发展的行家。大臣们四处寻访具备实践经验和管理能力的农业专家，提名了很多人选，但是汉武帝都不满意。正当大家一筹莫展的时候，一位平时不大说话的御史大夫站出来说：“若欲发展大汉农业，此人不可或缺！”这位御史大夫的话引起了汉武帝的注意，便问：“御史大夫，你说的为何人？”御史大夫回答：“此人是擅长农耕的赵过。”

汉武帝半信半疑，于是派人前去调查，得知此人确有过人之处，尤其在农具设计以及农耕方法方面名扬乡里。就这样，赵过被汉武帝任命为搜粟都尉，全面负责粮食的征收和农业发展工作。

扎根田野

赵过受命后，脱下官服，身着布衣，一头扎进了山间田野，全身心地投入农业生产中。他身体力行，亲自参与农事活动。无论是割稻插秧，还是除草筑垄，都事必躬亲。同时，他还进行农业技术改革的试验。农耕之余，他走访农民，与农民亲如一家。经过两年的辛勤考察，赵过搜集了大量重要的农业生产信息，也积累了丰富的农事经验。

由于赵过长时间没有回朝，汉武帝便派人前往田间询问他的情况，并诏令他上报促进农业发展的具体举措。于是，赵过急忙赶回朝堂。

大臣们以为他会滔滔不绝地大谈国家农业发展计划。然而，他不仅什么方案和举措都没说，反而向汉武帝提出了一个新的请求：再给他 3 年时间，他要在皇宫周围的空地上进行耕种试验。此话一出，立刻引来全朝文武百官的质问和指责。他们公然反对道："大汉皇家重地，岂能由你小小农官肆意践踏！"

面对大臣们的质疑和指责，汉武帝没有说话，只是微微点了点头。御史大夫看出汉武帝对赵过还是信任的，于是上前为赵过说情道："要想进行农田改革，没有试验田怎知能否成功，又怎能大面积推广呢？"听御史大夫这么一说，汉武帝便应允了赵过的请求。

代田试验

得到皇帝的应允后，赵过十分高兴。此时正值立春时节，他带领府内家丁对皇家空地展开了大改造。大臣们惊讶地看到，原本平整的农田，被赵过开垦成一条条沟和垄。

原来，在西汉之前，广泛采用的耕作方法是“缦田法”。这种方法是翻地深耕后在田里漫撒种子，不分行也不打垄。然而，连续采用这种方法耕作几年后，地力就会耗尽，必须休耕1~3 年进行恢复。

赵过设计了一种新的耕作方法：他指导家丁在一亩地上开三条深宽各一尺的沟，沟旁用土堆成垄，将种子播在沟里。当幼苗长出后，进行中耕，其间除草施肥，并将垄上的土渐次填入沟里，用来给幼苗培根。到了天热的时候，垄已经被削平，作物也根深叶茂。到了第二年，将上一年垄的位置挖成沟，而沟的位置则筑成垄。如此互换耕种，以休养地力。这种方法被称为“代田法”。

赵过在空地上对这两种方法进行了对比试验。结果显示，采用他的新方法进行耕作能够大幅提高每亩的产量。汉武帝听闻，立刻下令在全国范围内推广此法。

代田法的优势在于，沟内的温度和湿度更有利于幼苗萌出。幼苗出土后在沟内生长也受到一定保护，减少了水分蒸发。每次中耕除草时，将垄上的土渐次填进沟内，使作物的根部深入土中，有助于吸收更多的水分和养分。

代田法示意图

这样种出来的作物耐旱、耐风、抗倒伏，自然提高了产量。而年年垄沟互换，既有利于恢复地力，又充分利用了土地。代田法是中国古代农业耕作技术的重大进步，也是农业发展史上的一次重大改革。

发明农具

代田法在提高农作物产量的同时，也推动了农业生产工具的变革与创新。当赵过再次回到田间，农民们喜笑颜开，都愿意与他合作。然而，在大面积推广代田法后，赵过发现，传统的耕作农具无法满足新式的耕作方法，尤其是无法高效地将种子播种到沟里。于是，他走访农民，亲自当起一名工匠，开始制作农具。功夫不负有心人，经过多次试验，他终于在原有农具的基础上发明了一种新式农具——耧车。

耧车模型

耧车，又称“三脚耧车”，它由牲畜牵引，后面有人扶着，可以同时完成开沟和下种两项工作。耧车的构造非常巧妙，它有三个开沟器，播种时用一头牛拉着，耧脚在平整好的土地上开沟，进行条播。耧车的中央有一个耧斗，用于盛放种子。耧车的内部设计了一个带闸板的出口，通过调节闸板可以控制下种的速度。同时，耧斗上还装有一个重物，以增加摇摆振荡，防止种子堵塞。耧斗下是三条中空的耧腿，耧腿下装有小铁铧、耧辕、耧柄和耧架。在播种前，先变动耧柄的高低，就可以调整耧铧入土的角度，以决定播种的深浅。播种时，一面由牲畜驾着耧辕前进，一面由扶耧人用手左右摇耧，种子就流进下面的耧腿，再经铁铧的后方播入土壤中。如果在耧车后面再用两条绳子横向拖拉一根方形木棒，就能把土壤抚平压实，使种子被掩埋得严严实实。耧车的使用大大提高了耕种效率，既省时又省力，极大地减轻了农民的工作强度。

除了耧车，赵过还发明了一种新型农具——耦犁。使用耦犁耕作，方法为二牛三人一组，两头牛用来牵引，三人进行操作，其中一人牵牛，另外两人各扶一犁。这种耕作方式比传统的单人或双人耕作效率更高，是西汉时期农业技术的又一项重要进步。为大量制作耧车、耦犁，赵过组织了很多能工巧匠一起生产，也间接地促进了当时手工业、冶铁业的发展。

匠人情怀

赵过发明的耧车、耦犁以及推广的代田法，对西汉农业发展产生了深远影响。北魏著名农学家贾思勰在《齐民要术》中这样评价：“赵过始为牛耕，实胜耒耜之利。”

从赵过身上，我们不仅能感受到他兢兢业业的工作态度，勇于创新的改革精神，还能领略到他心系百姓的高尚情操。作为一名农官，他是西汉最为重要的农业技术革新者和推广者，为西汉的农业发展作出了重要贡献，也对后世产生了深远影响；作为一名工匠，他所发明的“播种机”式的耧车，极大地提高了农业生产力，减轻了农民的体力劳动，为西汉的农业经济发展提供了技术支撑，在中国古代农业科学技术史上占有重要地位。

马钧

在很多人的印象中，诸葛亮是三国时期的大发明家，这可能是受到罗贯中《三国演义》的影响。书中对诸葛亮发明木牛流马、连弩、灯笼、搭桥枪等奇巧器物极力渲染。然而，事实上，三国时期的魏国官员马钧才是享有盛誉的发明大师，被誉为“木圣”。马钧都发明了什么？为什么他鲜为人知？他在中华工匠史上又占据怎样独特的地位呢？

语言障碍

马钧，扶风（今陕西兴平）人，三国时期曹魏发明家，也是中国古代科技史上最负盛名的机械发明家之一。他擅长机械、兵器制造，巧于复原古器，曾担任过曹魏太学博士、给事中等职位，工作踏实、兢兢业业。

相传，马钧的父亲是一位木匠，家境清贫，马钧还有口吃的缺陷。年轻时，马钧并未意识到自己有技术制造方面的天赋，过着悠闲自在的生活。因为有很严重的口吃，他也从不向别人夸谈他的技术，以至很少有人知道他的发明创造。在动荡不安的三国时期，马钧的发明创造难以得到封建贵族阶层的重视。

虽不善言辞，但马钧在机械设计方面天赋异禀，他勤于思考，创造出许多精巧而实用的器械。他不仅对纺织、农业等日常生活生产器械的发明创造充满热情，还对军事器械、玩具等设计制造怀有极大兴趣。无疑，他的发明创造成了他最好的语言表达方式。

天下名巧

魏晋名臣傅玄对马钧十分欣赏，并称他为“天下之名巧”。据《马钧传》记载：

马先生钧，字德衡，天下之名巧也。……为博士，居贫，乃思绫机之变，不言而世人知其巧矣。……先生为给事中，与常侍高堂隆、骁骑将军秦朗争论于朝，言及指南车。二子谓古无指南车，记言之虚也。……居京师，都城内有地可以为园，患无水以灌。先生乃作翻车……其后人有上百戏者，能设而不能动也。……先生见诸葛亮连弩，曰：“巧则巧矣，未尽善也。”言作之可令加五倍。又患发石车，敌人之于楼边悬湿牛皮，中之则堕，石不能连属而至。……

这段文献记载了马钧的发明创造主要在纺织、机械、农业、玩具、军事等领域。他改进了提花织绫机，复原了古指南车，发明了龙骨水车，制作了百戏木偶，并改进了连弩和发石车等军用器械。

第一，改进织绫机。

马钧虽为魏国太学博士，但依然十分清贫。他常常看到织女们在织绫机上辛苦操作，耗时费力，生产效率极低。马钧开始思考如何改良织绫机，以提高它的生产效率，减少织女们的劳动时间，减轻她们的劳动强度。他亲自深入到织绫实践中，钻研旧织绫机的结构原理，改造并设计出一款新式织绫机，同时对织绫机的踏具进行简化。经过改进的新式织绫机不仅结构简单，适用性强，织锦装饰纹样多样，还大大提高了织绫生产效率。

第二，复原古指南车。

马钧担任给事中时，当时的名臣高堂隆说：“虽古代传说有指南车，但并未有翔实的图文记载，如何复原？”骁骑将军秦朗也认为，指南车仅是传说，不大可信。对此马钧说道：“古代确有指南车，它的制造原理并不复杂，只是后人没有琢磨其中的道理罢了。”高堂隆与秦朗二人讥笑说：“先生名钧，字德衡。钧为器具模型，衡则决定器物的轻重，若衡无法测定重量，没有参照标准，可以作为模型吗？”马钧缓慢地回答道：“口争无益，不妨复原指南车。”魏明帝曹叡听闻马钧要复原指南车，认为指南车的复原对魏国的军事发展很有益处，遂命其制造。于是，马钧在没有参考模型与图样的情况下，利用已有的机械制造经验，经过反复测算与试验，最后制造出了三国时期的指南车。

第三，发明龙骨水车。

马钧住在京师时，看到城边蔬菜地的地势较高，而浇灌菜地的水源却位于低洼处。因此，灌溉成为老百姓最发愁的事。马钧看在眼里，记在心里。他心想：“要是能把低处的水引到高处，该多好呀！”经过反复研究与试验，马钧在翻车的基础上改进，发明了河渠上的重要提水机械——龙骨水车。龙骨水车不但能调水，还能在雨涝的时候向外排水，成为三国时期最先进的农业生产工具，一直被沿用至今。

龙骨水车

第四，制作玩具“水转百戏”。

相传，有人向魏明帝进贡了一套精致的百戏木偶模型。不过，这套木偶只能作为摆设，不能活灵活现地表演。如此精致的木偶无法活动，魏明帝觉得很是遗憾。这时有臣子谏言，马钧能制造可活动的木偶。于是，魏明帝下诏命马钧制造。在宫廷木匠与雕花师的配合下，马钧利用龙骨水车和水轮机械的制造原理，制造出一套全新的百戏木偶。

马钧在木偶身上连接机关，通过长短不一的轮轴和大小不同的木制齿轮与水叶轮连接，利用水力推动机构运转，进而牵动木偶自动敲打乐器、舞动身姿或翻滚跳转，呈现出精彩绝伦的“水转百戏”。虽然“水转百戏”是供贵族享乐的玩具，但作为一项机械发明，其精湛的工艺和艺术表现力令人惊叹，也充分显示出马钧将传统工艺与机械传动原理完美结合的创新能力。

第五，改进连弩和发石车。

诸葛亮曾发明一种远射器械——连弩，但这种连弩体积和质量较大，且无法单兵操作。马钧意识到，诸葛亮的连弩还有需要改进的地方。于是，他对诸葛亮连弩进行改制，使箭数增至五十矢，减轻体积与质量，改成单兵武器。

马钧还发现，曹操造的发石车只能单发，连发的间隔时间较长，已不能在战场上获得优势。于是他在原发石车的基础上制作出一种可以机械带动的轮子，挂上几十块大石头，机械带动轮子飞快转动，轮上悬石的绳子则按一定节奏断掉。由此，战士就可从实现连续发射石头，大大提高了战斗力。由机械带动的发石车射程也更远，可达百步之遥。

遭受质疑

尽管马钧在纺织、农具、兵器制造等领域有着精深的研究，发明创造了诸多实用的水车、兵器以及辅助器械，但遗憾的是，他的许多发明创造都被埋没于历史的长河之中。在他担任给事中期间，傅玄曾多次向魏国贵族推荐马钧过人的机械制造才干，但并未使马钧得到重用，他对马钧的怀才不遇深感惋惜。马钧的技术才能虽然与古代鲁班、墨翟、张衡等人相当，但鲁班和墨翟在他们所处的年代都受到了重视，而马钧的才干却未能得到充分的展现。

更令人遗憾的是，马钧的很多发明还遭到众人的质疑。一名大臣在听闻马钧的发石车后，讥讽其想法很难实现，并存在诸多弊端。但马钧并未因此而受挫，而是用一次次的实践成果回应他人的质疑与嘲弄，这也是马钧的令人敬佩之处。尽管他不善言辞，但他始终专注于自己的领域，从未停止创新的步伐，更不轻言放弃。

史学家裴松之评价他说："时有扶风马钧，巧思绝世。"葛洪在《抱朴子》中也称赞他："善刻削之尤巧者，则谓之木圣，故张衡、马钧于今有木圣之名焉。"显然，裴松之、葛洪对马钧是十分欣赏的，"巧思绝世"和"木圣之名"的美誉也凸显了马钧在机械制造领域的独特贡献。

匠心传承

无论是改进军事机械，还是民用工具，马钧的发明创造并不是异想天开，而是从现实生活的需求中获得启发，并在丰富的实践中实现自己的造物构想。马钧的发明创造利国为民，他持之以恒和不断进取的创新精神，是中国古代工匠精神的典范，值得今人敬仰与传承。

04 第四篇

手工技艺

黄道婆

元代初年，一位慈祥的老婆婆正在织布，只见精美绝伦的布如同潺潺流水一般，从她自制的脚踏纺车上缓缓而出。许多姑娘慕名而来，想要学习织布技艺，而那些织布多年的妇女们也忍不住驻足观看。人们一边惊叹于这位老婆婆所发明的先进织布机，一边赞叹她高超的织布技术。这位备受尊敬、技艺高超的老婆婆到底是谁呢？她就是元代的织女传奇——黄道婆。

相识黎族

黄道婆塑像（中国农业博物馆陈列）

相传，黄道婆是松江府乌泥泾（今上海市徐汇区华泾镇）人。黄道婆的童年极为不幸。在当时封建礼教森严的社会，身为女性的她甚至连自己的名字都没有。年幼时，她被卖作童养媳，后不堪虐待和凌辱，乘船逃往了遥远的海南岛崖州。无家可归的她只能选择进入道观，成为一名女道士，因此被称为“道婆”。

到了崖州之后，黄道婆发现那里的棉纺织业相当发达。为了早日掌握当地的黎家纺织技术，她刻苦学习黎语，虚心拜师学习技术。黎族织女们不仅在生活上关怀黄道婆，而且把自己的技术毫无保留地传授给她，这让黄道婆非常感动，也把在家乡学到的全部织锦技术无私地传授给了黎族人民。

回乡授艺

相传，黄道婆在海南岛一住就是 30 年，从一个青春少女变成了老婆婆。按照中国传统风俗，人终究要叶落归根，黄道婆也不例外。上了年纪的黄道婆思乡心切，决定回到家乡。

回到家乡之后，黄道婆发现家乡的棉纺织技术远远落后于崖州，于是决定把从黎族人民那里学到的技术传授给家乡的织工，提升他们的技艺水平。

黄道婆做的第一件事，就是把在崖州学习的铁棍擀籽法教给大家。这个方法简单易操作：一人持一根光滑的小铁棍，把籽棉放在硬而平的石头上，用铁棍擀出棉籽。这个方法被大家口口相传，妇女们都高兴地说："阿拉一下子可以擀出七八个籽儿呀，再也不用手指头挨个儿剥了，黄婆婆，侬真是神人呀！"

然而，黄道婆对这个技法并不满意。她觉得，用手按着铁棍擀棉籽还是比较费力的，无法满足大量生产棉线的需要。有没有一种既省力，又能大量生产的方法呢？聪明的黄道婆想到，如果能让铁棍自己转起来，是不是就能加快擀籽的速度，从而提高产量呢？

经过夜以继日的思考，她终于找到了一种效率更高的办法。那天，黄道婆正在织布，一不小心，她的手被纺纱机的两个轮轴夹住了。这时，她突然灵机一动：纺纱机的轮轴是脚踏的，是不是也能用手摇呢？于是，她赶紧找来木匠，改装出了"手摇双轴轧棉机"，即用手来摇动双轴，并向两轴之间的缝隙喂籽棉，棉籽便迅速地分落在两轴内外侧。经过多次试验，黄道婆终于制成了一种新式“手摇轧棉机”。这种轧棉机能够轻松地轧出籽棉中的全部棉籽，工作效率比手工去籽足足提高了 4 倍。

然而，随着棉花产量的增加，另一个问题也接踵而至——缺少先进的弹棉花工具。松江一带使用的弹棉花工具弹弓不仅小，使用起来还费力，往往棉花还没弹多少，人就已经累得满头大汗。棉花生产的效率自然也不高。黄道婆向乡亲们介绍了崖州的大悬弓，弓长四尺多，使用时用弹椎击弦，用力小，弹出的棉花既松软又干净。她又找来木匠帮忙，把一尺长的竹弓改造成“绳弦大弓”，这样操作起来既省力，又比从前弹的棉花多。

追求极致的黄道婆并没有停下创新的脚步。为了进一步提高劳动效率，她又在木匠的帮助下，将原本黎族的“小弓式手拿弹棉机”改造成了“大弓式肩挂弹棉机”。其中，“弓式”是指这种弹棉花工具的外形像一张“弓”。肩挂弹棉机真是一个绝妙的发明，它的结构非常简单，主要由两部分组成：一是弹弓，二是敲椎。弹弓呈弧形，它的架子用藤或竹制成。操作时把它挂在肩膀上，可以随着操作者肩膀的转动或脚步的移动灵活使用。

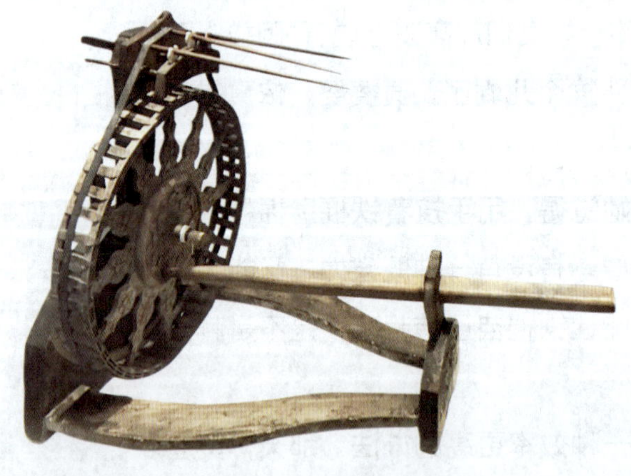

上海黄道婆纪念馆展出的三锭脚踏纺车

在生产棉布的过程中，轧棉花是第一道工序，弹棉花是第二道工序，纺纱是第三道工序。黄道婆根据崖州的一锭手摇纺车，创造出了一种三锭脚踏纺车，不仅能减轻劳动强度，还提高了工效。此外，黄道婆还将过去简单的织布技术升级为复杂的错纱、配色、综线、提花的技术，使得家乡的布料图案更加丰富，色彩更加鲜艳。

衣被天下

黄道婆的故事，不仅是一段技术革新的历史，还是一部关于创新和奉献的传奇。她发明的三锭脚踏纺车，在当时堪称世界上最顶尖的纺织机械。作为一名平凡的女性工匠，她勇敢漂洋过海，学习黎族织布技术，用她的技艺回馈家乡，她的一生便是对“衣被天下”理想的最好诠释。她的精神会永远激励着后人，不断追求更高的目标，在创新的道路上勇往直前。

沈子蕃

在文士与工匠群星闪耀的宋代，宋人所追求的古朴典雅、精美绝伦的工艺品被誉为“宋绝”，尤其是在缂丝、陶瓷、漆器、雕版等领域更是冠绝一时。五大名窑的陶瓷、温州的漆器、杭州的雕版等都是我们所熟知的宋代艺术瑰宝，但关于宋代缂丝的文献记载却较少，缂丝工匠沈子蕃更是鲜为人知。

定州缂丝

缂丝，又称刻丝，它是中国传统丝绸艺术品中一种极具欣赏性的丝织品。缂丝，并非真的用刀来雕刻，而是使用古老的木机及若干竹制的梭子和拨子，经过“通经断纬”，将五彩的蚕丝线缂织成一幅色彩丰富、色阶齐备的织物。这种织物具有图案花纹不分正反面的特色。在图案轮廓、色阶变换等处，织物表面像用小刀划刻过一样，呈现出小空或断痕，“承空观之，如雕镂之象”，因此得名“缂（刻）丝”。

缂丝工艺最早可能源自西域的缂毛手工艺，自汉代沿古丝绸之路传入。在楼兰遗址中曾发现汉代绘有奔马图的缂毛作品。唐代出现以蚕丝为经纬的缂丝作品。宋代缂丝进一步发展，多见于书画包首、经卷封面、贵妇衣物以及其他建筑装饰。元代缂丝也被广泛用于衣食住行等生活领域，受到人们的普遍喜爱。

宋代缂丝生产有“北有定州，南有松江”的说法。定州缂丝以沈子蕃为代表，松江缂丝以女红朱克柔为代表，他们同为宋代缂丝名家。

缂丝以定州缂丝最负盛名，定州缂丝也被称为“织中之圣”，在宋宣和年间达到最盛。《宣和画谱》中专设了“沈子蕃画谱”，说明沈子蕃在宋宣和年间已名噪一时。定州缂丝能够随心所欲地表现花草禽兽的形象，从上方俯瞰，仿佛是经过雕刻的精美绝伦的艺术品。然而，缂丝的制作难度极大，不是一般工匠所能完成的，所谓“如妇人织一衣，终岁可就”，说明缂丝耗时之长。

《梅花寒鹊图轴》纵104厘米、宽36厘米，系为清宫旧藏。此图轴依画稿缂织，以小梭代笔，采用“通经断纬”手法，精工细密，疏朗古朴，清丽典雅，是南宋时期缂丝工艺的杰出代表作。

沈子蕃《梅花寒鹊图轴》（故宫博物院藏）

沈子蕃，祖籍河北定州，后长期生活在吴郡（今江苏苏州），南宋缂丝名匠，代表作有北京故宫博物院收藏的《梅花寒鹊图轴》《青碧山水图轴》等。

开门授徒

“靖康之难”后，沈子蕃来到当时南方工匠最为活跃的苏州。为了维持生计，沈子蕃开始重操旧业，并开门授徒。据坊间传说，朱克柔是他在苏州教授的最得意门生。

苏州吴县是中国刺绣盛地之一。朱克柔从小学习刺绣，亦善画，尤擅山水人物花鸟。在得知沈子蕃来到苏州之后，朱克柔便萌生了学习缂丝的想法。一开始，沈子蕃对朱克柔的意愿并没有太在意，但当沈子蕃看到她的刺绣作品后，不由得连连称赞。但是，沈子蕃并没有马上同意朱克柔跟他学习缂丝。因为沈子蕃明白，刺绣和缂丝是不同的，缂丝不是一般的刺绣工能做的。

之后，朱克柔多次请求沈子蕃，表明自己拜师学习缂丝的决心，终于打动了沈子蕃。朱克柔成为沈子蕃的弟子，开始向他学习缂丝。

鬼工朱缂

经过一段时间的学习，朱克柔果然不负老师的期望，她的缂丝作品极为精妙，成为达官显贵争相收藏的艺术品。她的代表作有《牡丹图》《莲塘乳鸭图》《山茶蛱蝶图》等。其缂丝作品以“精巧疑鬼工”著称。

《莲塘乳鸭图》画幅极大，色彩丰富，丝缕细密适宜，层次分明，是朱克柔缂丝画中的杰作。全幅以彩色丝线缂织而成。图中双鸭浮游于萍草间，有乳鸭相随，白鹭在侧，翠鸟、红蜻蜓点缀其间。坡岸青石，质感凝重，周围白莲、荷花、萱草等花草环绕，色彩雅丽，线条精谨，生趣盎然。作品中所有花卉虫鸟都极为写实，各种动植物大小体型比例逼真，莲塘的场景时间也能根据乳鸭大小，以及莲塘周围花卉的花期推出，大概为春末夏初之景。

朱克柔《莲塘乳鸭图》（上海博物馆藏）

缂丝精神

在宋代众多工艺中，有“三刻”最为著名，分别是丝刻、漆刻和版刻。丝刻，即缂丝工艺；漆刻，即漆雕工艺；版刻，即雕版工艺。这三种工艺共同体现了宋代工匠的“格物精神”。以缂丝为例，其工艺极为复杂，费时费工，素有“一寸缂丝一寸金”的说法。缂丝在制作过程中，每一根丝线穿过之后都无法修改，对工匠的工艺技术要求极高。一名工匠可能一生仅能完成几幅作品，其难度可想而知。

宋代“三刻”是技艺的展示，也是工匠精神的传承。正是这些工匠的精湛技艺和不懈努力，才让我们有机会欣赏到这些璀璨的艺术瑰宝。它们跨越了时空，向我们诉说着一个个关于坚持、关于匠心、关于传承的动人故事。在如今这个快节奏、高科技的时代，它也在提醒着我们，只有那些深入研究、追求极致的人，才能取得卓越的成就。

蒯祥

永乐年间，苏州香山有一个著名的帮派，成员由一大群志同道合的能工巧匠组成。他们擅长中国传统建筑的建造与设计，无论是寺庙、道观，还是苏州的精致园林，抑或是江南的普通民宅、气派的皇家宫殿，对这群技艺高超的匠人们来说都能游刃有余地完成，人们称他们为“香山帮”。

南匠北调

在香山帮中有一位特别擅长木工的巧匠，叫作蒯祥。因其技艺超群，被匠人们推选为香山帮的帮主。作为香山帮的首领，蒯祥凭借着一颗匠心与一双巧手，不仅带领工匠们在江南营建，还走出香山，去顺天府（今北京）“北漂”。蒯祥当时的身份类似于现在的建筑设计师兼施工队长。

蒯祥来到顺天府之后，接到的第一项任务就是设计营建紫禁城外的大门楼——承天门，即我们今天所熟知的天安门城楼。皇家为什么会把如此重要的建筑项目交给一个还不到20岁的小伙子蒯祥呢？他有什么过人之处吗？

原来，承天门工程的总负责人是工部尚书宋礼，具体的设计与营建的任务则由工部侍郎蔡信负责。蔡信是一位著名的建筑家，擅长装饰艺术和皇家园林建设，但他年事已高，要独立完成此项任务有些难度。因此，蔡信把具体设计与营建的重任交给了蒯祥。蔡信对蒯祥的重用，无疑是对其高超技艺的充分认可与信任。

蔡信为何会如此信任蒯祥呢？在木工工作中，精准掌握尺寸是至关重要的。若尺寸有误，不仅会造成材料的浪费，还会影响后续的放样、画线和加工工作。因此，精准把握尺寸是衡量一名木匠技艺水平的重要标准。而蒯祥就精于尺寸计算，用尺毫厘不差，技艺精湛高超，犹如鲁班在世，这也是蔡信对蒯祥信任的原因。

这是一幅明初北京城的俯瞰图，由下至上依次为大明门（今已不存）、承天门（今天安门）、端门、午门、奉天门（今太和门）和玄武门（今神武门）。金水桥旁那位红袍打扮的官人，可能就是蒯祥。

《北京宫城图》（明代）

设计方案

蒯祥在接受任务后，并没有急于开工，而是整天把自己关在工作室里，每天只吃一顿饭。他在门上还贴了一张告示，上面写着："任何人不得入内。"香山帮的工匠们都忍不住为他捏了一把汗，就连蔡信也担心不已。继而有人开始怀疑起来：蒯祥是不是本领不行，难以担当此重任？更令人担忧的是，他连蔡信都不见。如果延误皇家工程，那是要杀头的。蔡信不得不向工程的总负责人宋礼汇报。宋礼立刻带着一行人径直找上门，质问蒯祥："蒯祥，你到底在搞什么名堂，为何迟迟不开工？你究竟有何打算？"蒯祥连忙起身向宋礼赔不是，并引领他们进入自己的工作室。

当宋礼等人进入蒯祥的工作室之后，他们惊讶地发现，工作室摆满了各种图纸、建筑模型以及计算工具。蒯祥在这段时间里到底做了些什么呢？首先是看图纸。蒯祥通过调查，对紫禁城建筑的总体状况、形制和布局历历在目。其次是制作烫样。烫样，就是立体模型。制作烫样是为了给以后的实体建筑建造提供参考。蒯祥根据紫禁城的总体建筑形制设计制作了很多建筑模型，形成一个微型紫禁城。他还特别设计制作了承天门城楼的模型，与紫禁城模型一起摆在工作台上。这就如同现在人们买房子的时候，在房地产公司看到的沙盘图一样。最后是精细计算。蒯祥精确地计算出天安门城楼的高度、与其他宫殿的距离等数据，并精确到每一块石头多重、多大，数量是多少等。

宋礼看到这般场景，如同走进了未来的紫禁城，这才把悬着的心放了下来。原来，蒯祥在充分了解紫禁城建筑的总体要求、建筑形制和整体布局之后，才进行承天门的整体设计。经过他悉心分析研究，一丝不苟地绘制草图以及精确计算，很快就完成了城楼的设计方案，这才马不停蹄地组织工匠开始实施。

高超技艺

蒯祥不仅精于计算，还精于绘图，在榫卯技艺上也有很深的造诣。中国古代宫殿建筑多采用木制结构，由立柱、横梁、顺檩等主要木构件组成，各个木构件之间的结合点即以榫卯相连接。“榫”是木构件上的凸出部分，“卯”为凹进部分。榫卯结构，就是两个木构件采用凹凸相连接的一种结构方式。蒯祥制作的榫头的大小、长短与卯眼的宽窄、深浅丝毫不差，其制作之精确，让所有的木工都惊叹不已。

蒯祥在营造宫殿的过程中，还遭遇了一次严峻的考验。一位妒恨他的大臣派人在雷雨交加的漆黑之夜偷偷潜入工地，把尚未完工的门槛截短了一段。门槛在古代建筑中是最有讲究的，承载着聚财、避邪的象征意义。如果门槛出了问题，是有可能被砍头的。

由于这块木料是从东南亚进口的珍稀木材，根本找不到其他木料代替，蒯祥想出了“将材就材”的办法。他命令木工将门槛再锯下一尺。在一旁的蔡信等人惊慌失色，那个木工也根本不敢动手。蒯祥大声说道：“但锯无妨！”之后，蒯祥利用榫卯结构制作了两个龙头安放在门槛两端，用于安装被锯短的门槛。这样，一个活门槛就做好了。

竣工之后，皇帝带着文武百官亲自来验收，看到这个门槛可装可拆，马车、轿子可以直进直出，十分方便，大为赞赏，称他为“蒯鲁班”。

蒯祥解决这个难题的方法是对榫卯技艺的巧妙创新。榫卯是中国木作文化的灵魂。在距今约 7 000 年的新石器时代河姆渡文化遗址

苏州蒯祥纪念园陈设牌匾

中便发现了大量采用榫卯结构的木构件。这些木构件主要被用于河姆渡干栏式房屋的建造上。这种结构无一钉一铆，不但可以承受较大的荷载，而且允许产生一定的变形，具有抗震功能，堪称世界建筑史上的奇迹，更是东方古老智慧的象征。

建筑泰斗

明宪宗成化十七年（1481 年），杰出工匠蒯祥积劳成疾，因病去世，享年 84 岁。他是一名当之无愧的建筑泰斗，把毕生的智慧与精力都献给了中国的建筑艺术，他对中国建筑作出的卓越贡献将永远被后人所铭记。

黄大成

在中国，有这样一种“神树”，叫作漆树。在它受伤时，会流出白色的树汁，沿着树干缓缓流下。匠人们会小心翼翼地将这些树汁收集到小碗里。这种树汁的用途十分广泛，许多历经沧桑的器物至今仍能熠熠生辉，全靠这种神奇树汁的保护。被这漆汁髹饰的器物，人们称之为漆器。明永乐年间，中国的漆器发展到鼎盛时代，涌现了许多精通髹漆的工匠，黄大成就是其中之一。他所写的《髹饰录》是我国现有唯一的古代漆工著述。关于黄大成的历史文献十分鲜少，而在他的著作《髹饰录》背后却有一段引人深思的传奇故事。

永乐独爱

1402 年，朱棣登基，开启了历史上著名的“永乐盛世”。这位皇帝有一个爱好，特别喜欢漆器。为了获得更多精美的漆器，他下令在皇城内兴建髹漆作坊，命名为果园厂，专门生产漆器。

有一次，日本使臣献上一批精美的倭漆漆器。永乐皇帝仔细观察后发现，其中一件漆器上竟然刻有汉字铭文：“张成造”，看起来是出自中国工匠之手。永乐皇帝疑惑地询问大臣，大臣回答道：“据说，中国的漆工张成、杨茂曾去过日本，日本学习了他们的技术之后，才制出此等上好漆器。”听了大臣的回答，永乐皇帝立即派人四处打听漆工张成、杨茂的下落。然而，经过寻找后发现，两位大师均已不在人世了，只找到了张成的儿子张德刚，于是就将张德刚请到果园厂工作。

木村藏书

实际上，日本在历史上一直都是中国漆艺的学徒。然而从明代开始，日本却逐渐被西方人称为“漆国”（英文 japan 译为日本漆），这其实是西方人的一种误解。

在明代，日本曾派人前往西塘、苏州、徽州等地四处购买中国漆艺书籍。但这些漆艺技术一直是民间工匠的家传技术，并不轻易外传。在日本江户时代，一位收藏家对中国传统工匠文化书籍十分感兴趣，他收藏了世界现存的唯一一本中国漆工专著——《髹饰录》的抄本。直到 20 世纪初，中国的一位学者在偶然的读书过程中，才发现这本消失了几百年的传奇漆艺书籍。

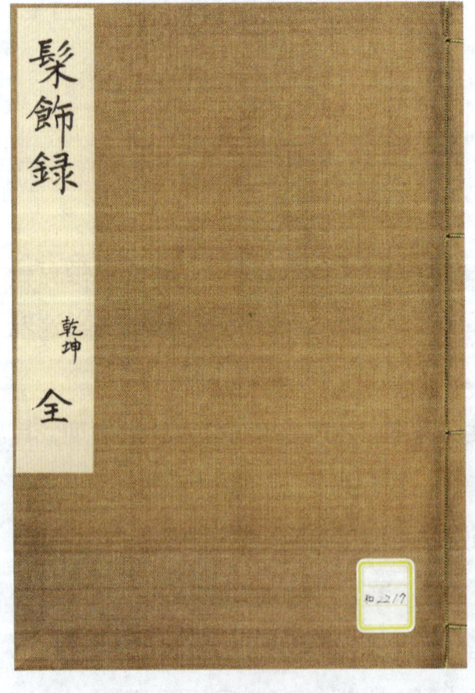

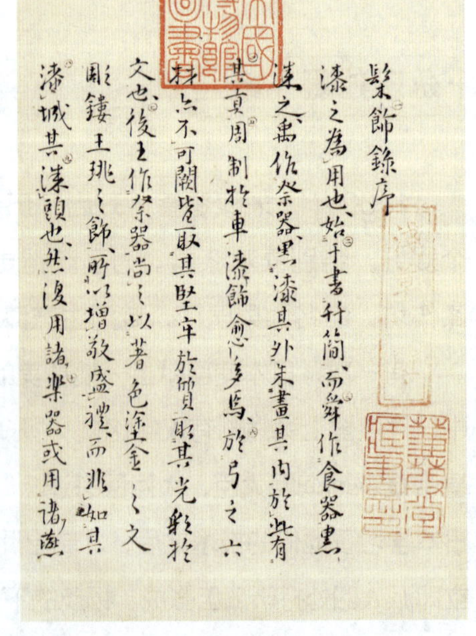
髹飾録序

漆之爲用也，始于書竹簡，而舜作食器，黑漆之，禹作祭器，黑漆其外，朱畫其内，於此有其貢，周制於車，漆飾愈多焉，於弓之六材亦不可闕，皆取其堅牢於質，取其光彩於文也，後王作祭器，尚之以著色塗金之文，彫鏤玉珧之飾，所以增敬盛禮，而非如其漆城其漆頭也，然後用諸樂器，或用諸燕

日本流传蒹葭堂本《髹饰录》抄本封面、序页

遇见亲人

1919 年，对中国古建筑有着浓厚兴趣的朱启钤在江南图书馆偶寻到宋代李诫编撰的《营造法式》抄本。他对这本几近失传的古建筑文献视若珍宝，立即动手进行抢救性保护。朱启钤心想：“在中国古代，凡建筑必髹漆，髹漆也是一项亟待保护和传承的工艺呀！”于是，他又着手寻找漆艺书籍。然而，他发现五代朱遵度所著《漆经》早已失传。一次，他在读《东洋美术史》一书时，偶然发现这样一段话：“民间之制，隆庆中，新安平沙有黄成，字大成之名人……曾著《髹饰录》二卷……”真是踏破铁鞋无觅处，得来全不费工夫啊！

王世襄解

当朱启钤得知世界仅存的一本《髹饰录》还漂泊海外的时候，接回《髹饰录》成为他的心头大事。通过多方联络，他终于获得《髹饰录》的抄本内容。

然而，这部书近乎是天书，深奥难懂，这又成了朱先生的另一桩心事。在那个战火纷飞的年代，《髹饰录》虽然得以回归故土，但也命运堪忧，甚至一度面临被战火摧毁的危险。直至 1945 年，著名文物专家王世襄从重庆回到北京工作，朱启钤把《髹饰录》交给王世襄，请他注解。

王世襄答应了朋友的委托，但要做起来谈何容易。为了准确注解这部奇书，王世襄深入钻研漆器知识，虚心地向当时著名的漆工多宝臣学习。他花了两三年时间，几乎每个星期都去多老先生家中，咨询漆器制作工艺，并请多老先生操作示范，他在一旁不厌其烦地提问题、做笔记。终于，王世襄不负重托，1958 年，油印本《髹饰录解说》问世。

在后来的二十几年间，随着考古新发现的不断涌现，王世襄对原稿做了数次修改和完善。1983 年，《髹饰录解说》由文物出版社正式出版。从接受委托到最终出版，整个过程历经了 30 多年的时间。

文化瑰宝

通过朱启钤和王世襄的共同努力，《髹饰录》这部珍贵的漆艺宝典终于重返家园并再现光彩。这部书不仅见证了中国古代漆艺的辉煌，更凝聚了多位学者的心血和智慧。从海外漂泊到回归故土，从无人能解到详尽诠释，其历程堪称传奇。

如今，《髹饰录》已成为研究中国漆艺的重要文献资料，对于传承和发扬我国传统漆艺文化具有重要意义。这份宝贵的文化遗产，也让中国的古代漆艺在现代社会焕发新生。我们要珍视和保护传统文化遗产，让这些文化瑰宝得以代代相传，为中华民族的文化繁荣贡献力量。

雷金玉

在中国建筑史上，有这样一个家族，是史上最强的“包工队”，在中国皇家建筑艺坛上闪耀200余年，这就是有着“样式雷”美誉的雷氏家族。对于“样式雷”这个名字，我们可能感到十分陌生，但提起圆明园、颐和园、天坛乃至北京城外的避暑山庄，几乎无人不知，这些著名建筑均出自雷氏之手。他们是皇家的御用工匠，世袭八代营建皇家建筑。在这个工匠家族中，有一位很重要的工匠成员，在整个家族的发展中起到了关键作用，他就是中国建筑史上里程碑式的人物，雷氏家族的第二代传人——雷金玉。那么，雷金玉到底是怎样一个传奇的工匠呢？

应役赴京

第一代“样式雷”是一名叫作雷发达的南方工匠。明朝末年，雷发达跟随父亲雷振声和叔叔雷振宙，一起从南康府（今江西省九江市永修县）前往金陵石城（今江苏省南京市江宁区），以躲避战乱。在金陵，雷发达跟随父亲学习木工手艺，聪明好学的雷发达很快在当地有了一定名气。

康熙初年，清廷准备大规模修建紫禁城，于是向全国各地招募能工巧匠来京城参与皇家工程建设。雷发达带着儿子雷金玉，一同踏上了“北漂”之路。此时，雷金玉年纪尚小。小小年纪的雷金玉除读书之外，最为喜欢的事情就是学习建筑知识。

时光如梭，很快雷金玉便在北京长大成人。虎父无犬子，雷金玉的建筑才华很快就显露出来。他奉命加入圆明园、畅春园等建筑的建设中，这让父亲雷发达感到十分骄傲。

相传，康熙年间紫禁城中最重要的宫殿太和殿，进行了一次重修。按照当时的礼制，太和殿完工须举行上梁典礼，但在上梁这个关键环节，在一根中梁即将被安装到榫卯处时，竟然发现尺寸不符，导致无法顺利安装。与此同时，下面的典礼仪式仍在有条不紊地进行着。工部官员们得知这一情况后，急得好似热锅上的蚂蚁。他们知道，如果仪式无法顺利完成，后果将不堪设想，甚至可能会招致杀身之祸。因为根据传统，上梁仪式是极为重要的环节，它被认为与居住者的命运和福祉紧密相连，梁木的安放必须选择吉时并与皇帝的行礼同时进行。

在众官员焦急万分之际，雷金玉被紧急召来解决问题。只见他临危不乱，手持系着红绳的斧子，迅速攀上木架，一步步爬上高处。随着他精准地挥动斧子，“当当当”三声过后，榫卯完美契合，分毫不差。与此同时，皇帝也完成了祭拜仪式，上梁仪式顺利完成。

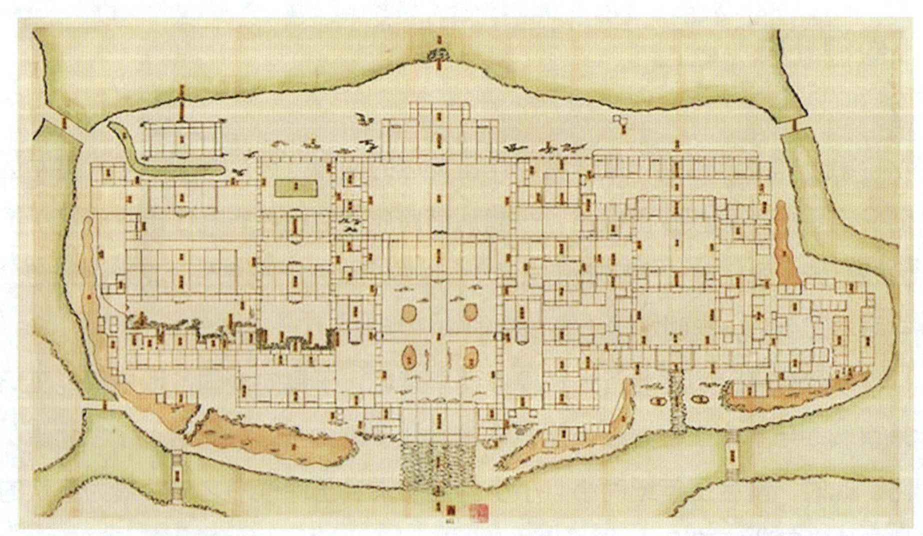

“样式雷”图档（一）

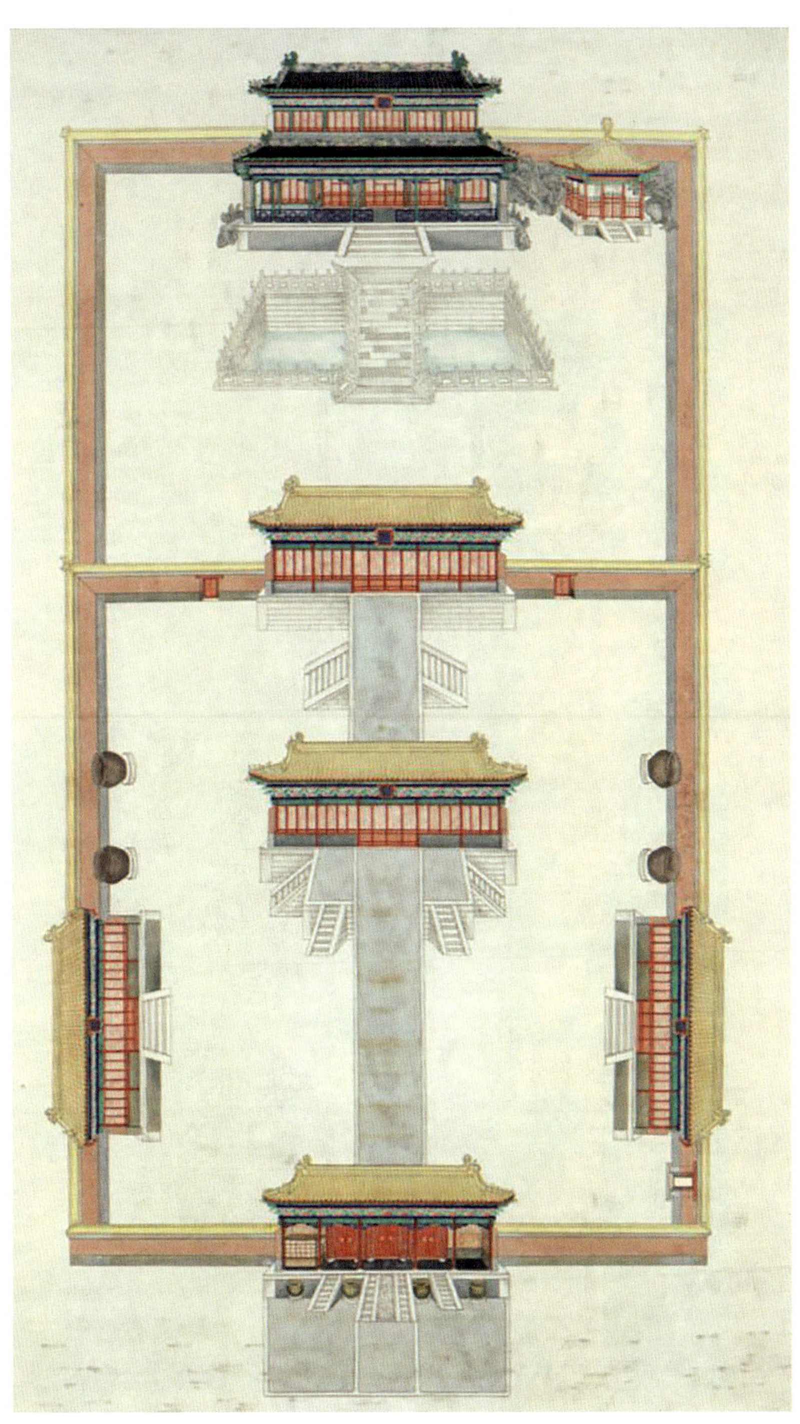

"样式雷"图档（二）

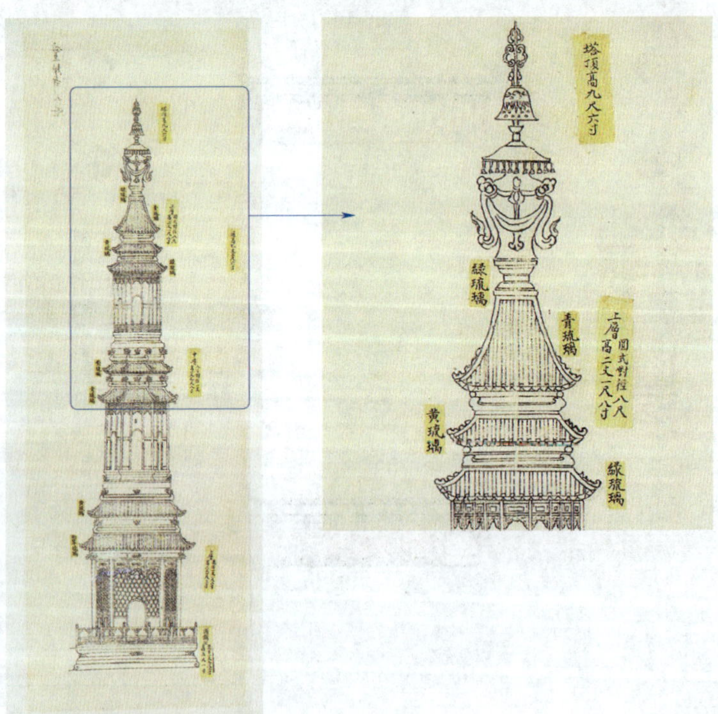

"样式雷"图档（三）（四）

仪式完毕后，康熙皇帝召见雷金玉，称赞他技艺不凡，大有作为，随即敕命他为工部营造所长班。于是，京城就流传开一句话："上有鲁班，下有长班。紫微照命，金殿封官。"

畅春园记

后来，雷金玉不负众望，成为样式房的掌案，主持修建畅春园的工程。样式房是皇家建筑的专门设计机构，相当于现在的建筑设计院，其负责人被称为掌案。

相传，康熙二十三年（1684 年），康熙南巡回京后，对南方私家园林钟爱有加，对江南建筑美学大加赞赏。于是，在工部的提议下，决定建造一座融合江南风格的皇家园林——畅春园，再现江南建筑的园林美景。

畅春园竣工后，康熙非常高兴，每年都要去那里居住和处理朝政。这个宁静怡人的地方成了他避喧听政的理想场所，让他流连忘返。从入住畅春园算起，到病逝于园内寝宫，康熙在此居住了 36 年。

烫样玄机

雷金玉成功修建畅春园的秘诀是什么呢？在高手如云的样式房，他是凭借什么脱颖而出，受到皇帝如此的喜爱呢？

这就要提及一种使二维图纸变为三维模型的技能——制作烫样。所谓"烫样"，就是用纸板、木头、蜡板等材料制作的微型建筑模型。由于在制作过程中采用熨烫或烫蜡的方式连接或卯合，因此被称为"烫样"。

在建筑设计中，设计思想占据至关重要的地位。对于雷金玉而言，建筑就是设计思想的载体，而烫样提供了直观立体呈现设计思想的途径。建筑设计思想的可视化呈现，即烫样的发明，实现了从平面思维向立体思维的转变。“烫样”是雷氏家族的工匠智慧与创新思想的集中体现，也是对中国建筑的巨大贡献。那么，烫样是如何被发明出来的呢?

原来，雷金玉作为一名南方工匠，方言浓重，为了能够有效沟通设计方案，他想到将工程设计思想具象化。制作烫样，既能避免因语言表述不清而造成的理解偏差，又弥补了平面图纸表现力不足难以评价的缺陷，避免因工程返工造成浪费。“烫样”面面俱到，精确到具体的空间布局、家具陈设、装饰式样、字画装裱等每一个细节，极大地降低了返工的风险。雷金玉通过制作烫样还可以准确地核算工程材料的使用量、建筑材料加工经费、所需工匠数量等，可把握住工程的每一个细节。

另外，很多工匠不识字，很难看懂设计图纸。自从有了烫样，怎么造，如何建，一目了然，避免了工匠因看不懂图纸导致的工程质量问题。

雷金玉将自己的设计思想缩放在烫样里，使自己的精神浓缩在烫样里。他细致入微、精益求精，把一个个烫样的细节做到了极致，这就是雷金玉的工匠精神。

深远影响

“样式雷”不仅发明了烫样技术，还推动了中华建筑设计走向巅峰，对中国建筑乃至更广泛的文化领域产生了深远的影响。经过联合国教科文组织认定，清代“样式雷”图档入选《世界记忆名录》。那些被收藏在博物馆的细致入微的图纸和惟妙惟肖的烫样，无不在向世人诉说着“一家江西‘样式雷’，半部中国古建史”的传奇。

05 第五篇

文化传播

蔡 伦

蔡伦，这是一个家喻户晓的名字，一个值得中国人骄傲的名字，一个影响了全世界的名字。他的名字与我国古代四大发明之一的造纸术紧密联系在一起，很多人都认为是他发明了造纸术。实际上，在西汉时期就已经出现了纸，蔡伦的伟大贡献在于对造纸术进行了重大革新，并推动了造纸术的传播。

西汉古纸

1933 年，中国考古学家黄文弼在新疆罗布淖尔汉代烽燧亭遗址发现了一张约 4 厘米 ×10 厘米的西汉麻质白纸，虽无字且四周残缺，但根据同时出土的木简可断定其为西汉遗物。

天水放马滩汉纸（西汉）

此后，中国考古学者又发现了多张西汉古纸，如天水放马滩纸、西安灞桥纸等，部分纸上写有文字或绘有地图。这些发现证明，西汉时期我国已发明纸，且据造纸史学者研究，这些古纸以麻为原料，属于真正的植物纤维纸。

立志造纸

东汉时期，蔡伦出生于桂阳郡（今湖南耒阳）的一个铁匠之家。由于家乡矿产丰富，冶炼技术发达，又临近铸剑技术发达的越国，蔡伦自小对铸剑等生产工艺十分痴迷。

后来，蔡伦被征召到了皇宫，成了一名宦官。汉和帝时期，蔡伦升为中常侍，常驻宫中。由于他对器物制造的喜好，皇帝又让他管理尚方署。尚方署是皇宫的作坊，聚集了天下最顶尖的匠人，专门为皇室制作各种精美的器物。

蔡伦邮票

蔡伦在执掌尚方署时，有一项职责是为朝廷提供日常书写用纸。那时候人们一般是在竹简或者缣帛上写字，可是用于书写的竹简太重，而轻盈的缣帛产量很少又太贵了，一般人用不起，这引起了蔡伦的关注。于是，蔡伦开始寻找适宜书写的材料，立志造纸。

洛河考察

相传，公元 103 年，京师洛阳一连下了几个月的大雨。大雨刚过，蔡伦就去民间探访。这一次，他来到了洛阳城外洛河附近的镇上，向当地工匠讨教造纸技艺。在路过洛河边的时候，蔡伦看见有好几棵大树倒伏在河水中，树皮已经腐烂，树上还缠绕着一些破渔网。在这些树上，蔡伦惊奇地发现了一层像丝絮一样的东西。他眼前一亮，仔细地观察那层薄薄的东西，发现它其实是一种细丝纤维，这种纤维可以用来造纸啊！蔡伦一拍脑袋："难道这就是我苦苦寻找的东西吗？"于是，蔡伦在洛河边搭建了一个临时的作坊，日夜不停地开始了他的造纸试验。他让工匠们把渔网和树皮切碎，放入一口大锅里煮，煮好之后捞起来捣烂，接下来把这些水浆均匀地涂抹在竹帘上晾干，一张张纸就制成了。

尚方试验

一次洛河之行，蔡伦意外地把造纸的材料问题解决了。不过，他又遇到了新的问题，那就是造出来的纸不但容易破碎，纸上还有杂质。

一天，蔡伦看到纺织工匠在织布，他心想：若是能制作出一种有孔眼的网筛，用于过滤造纸浆液，应该就能减少杂质了。于是，蔡伦又开始试验。他利用缫纺技术发明了多孔面筛，用于捞纸。这个面筛非常关键，它像纱布一样，能把长短纤维结合在一起，从而保证了纸的结构力。

经过千百次的试验，纸的强度问题解决了，还有一个问题就是如何造出白纸，即去掉色素。为此，蔡伦四处走访工匠作坊。有一次，在作坊进行试验的过程中，盛放纸浆的池子里被风吹进了大量黑乎乎的草木灰。蔡伦意外地发现，这池子里捞出来的纸被晒干之后，竟然比平时的纸更白一些。蔡伦心想：难道是这黑乎乎的东西把纸浆变白了吗？他马上取来草木灰，把它放进纸浆中。这一回，他造出的纸又白又细，还很有韧性。

蔡伦用草木灰制浆是造纸的又一关键技术，这一技术使得造出的纸更为白净结实，适于书写。

公元 105 年，蔡伦把这种纸呈报朝廷，皇帝大为赞赏，一时传遍神州，后被称为"蔡侯纸"。

蔡伦精神

造纸术是我国古代四大发明之一，对世界文明的演进作出了巨大贡献。蔡伦虽然不是造纸术的发明者，但他对造纸术的伟大贡献彪炳史册。我国许多地方的手工造纸匠人，均尊奉蔡伦为祖师爷，一些地方还修建了祠庙祭祀蔡伦。在民间，蔡伦一直享有“纸圣”的美誉。

毕 昇

干净整齐的书页，精美工整的排版，每一本书都是匠心独运的艺术品，而这些都要归功于如今的印刷机器。那么，在没有机器的古代，书籍是靠什么来印刷的呢？在宋代，有一位聪明的刻工——毕昇，他发明了活字印刷术，这一发明可谓是印刷机的祖师爷了。那么，毕昇是如何发明活字印刷术的呢？

杭州创业

毕昇生活在北宋庆历年间。相传，小时候的毕昇身世可怜，父亲早早就离开人世。家境贫寒的他虽然上不起学，但仍不放弃学习，一个人读书练字。没有钱买纸笔，就在地上、墙上练习写字。就这样，少年毕昇不仅认识不少字，还练就了一手好字。养父见毕昇很有天赋，便托人把他送进书坊当学徒，专门学习刻字。在书坊里，他一刻也不肯懈怠，没日没夜地学习刻字的功夫。

有一年，毕昇的家乡遭遇了一场大灾害。由于家中子女众多，生活变得异常艰难，甚至连饭都吃不上了。毕昇只得离开家乡，前往当时书坊刻业众多的杭州，去当一名刻工，希望可以赚些钱，以贴补家用。临行之际，毕昇的养父交给他一部农书。这是养父花费了大半辈子的心血写下的书稿，希望毕昇能把这份书稿印刷出来。

辞去刻工

日复一日，年复一年，虽然经历了各种磨难，但毕昇还是没有足够的钱去刻印养父的书稿。为了养父的书稿，毕昇决定自己刻书。他辞去刻工，自己租了一间房子，开始一门心思地研究雕版。

作为刻工的毕昇，他既欣赏宋雕版字体的优美，又深知雕版费时、费工和费料的缺点。木质雕版不仅容易腐朽，而且存放也不方便，非常占空间。最重要的是，只要错一个字，整版都要重新刻。

发明活版

原来的木质雕版是由一整块木头制成，上面的刻字也是固定的。那么，毕昇是如何想到创制活动的字模呢？

有一次，毕昇的一位小师弟好奇地问道："师兄，你是怎么想出这么巧妙的活字办法的？"

"是我的两个儿子教我的！"毕昇说。

"你儿子？怎么可能呢？他们只会'过家家'。"

毕昇笑着说道："去年我回乡祭祖，正巧看见两个儿子在玩过家家，他们用泥做成了猫、狗、猪等，随心所欲地排来排去。我的眼前忽然一亮，当时我就想，我何不也来玩过家家，用木头刻成单字的印章，不就可以随意排列成一篇文章了吗？"

师兄弟们听了也跟着哈哈大笑起来。过了一会儿，师傅开了口："在你们师兄弟中，毕昇是最有心的人呀！"

不过，虽然得到了师兄弟们和师傅的赞扬，但是毕昇怎么也高兴不起来。

原来，他发明的木质活字模，遇水后容易变形，导致排列的时候疏密总是不均匀。一天，毕昇在刻字铺里发呆，正愁眉苦脸。此时，一位刻工师傅顺手拿起一个瓷碗，开玩笑地向他说道："阿昇呀，你晓得不晓得，这个东西不怕水，你可以试一试。"这句玩笑话使毕昇醍醐灌顶，他赶忙在小泥块上刻字，然后像烧陶器一样烧出来。就这样，陶泥活字模被发明出来了。

接下来，新的问题也随之而来：如何把"活字"变成"死字"呢？于是，毕昇采用了铁范的办法，就是在带框的铁板上敷上松脂、蜡和纸灰等材料，作为字模和铁板的黏合剂，这样可以把字模固定在板子上，这种方法也同样适用于字块之间的黏合。待黏合剂稍稍熔化时，用平板按压版面，使字块平整，就可以进行印刷了。印刷完后，把印版拿到火上一加热，作为黏合剂的松脂和蜡又熔化了，这样泥活字就能从铁板上拿下来，然后按韵放回原来的木格里，贴上标签，以备下一次使用。

从雕版到活版，从"死字"到"活字"，又使"活字"转化为固定在印版上的"死字"，毕昇真是一位了不起的刻工！

革新精神

从毕昇身上，我们看到了一种锲而不舍的斗志和难能可贵的创新精神。虽然关于毕昇，留给我们的历史记载不多，但他所发明的活字印刷术已经传播到了全世界，他追求创新和刻苦勤劳的工匠精神，更不会被世人所遗忘。

06 第六篇

冶金军事

欧冶子

春秋战国时期，群雄纷争，兵戈相向，拥有一件上好的兵器，成为各大诸侯的梦想。在那样战乱的年代，一位誉满诸侯的铸剑工匠应运而生。这位工匠就是享有“天下第一铸剑师”美誉的欧冶子。那么，欧冶子是如何走上铸剑之路的？他是否名副其实呢？

卧薪尝胆

公元前 494 年，越国国君离世，举国上下乱作一团。吴国国君夫差趁机出兵，一举击败了越国的军队。刚刚继承父业不久的越王勾践，不得已向吴王夫差俯首称臣。在吴王的胁迫下，勾践由一国之君沦为阶下囚，被囚禁在吴国。勾践整日都活在羞辱与痛苦之中，他晚上睡在硬柴铺成的床上，还将一颗苦胆悬于座位旁边。每次吃饭前，他都要舔尝腥苦的胆汁，以此警示自己，时刻不忘亡国丧家之苦。

越王勾践卧薪尝胆，每日练剑。此时的他最想见到的人，就是当时的一位铸剑大师——欧冶子。越王时刻都想着手握锋利无比的宝剑，率领国民光复越国。

为国铸剑

“国家兴亡，匹夫有责”。欧冶子从小便立志为国效力，他苦练铸铁技艺，尤其精于铸剑。在国破家亡的危难时刻，他更是满腔热血，同仇敌忾，决心凭借自己的力量，铸造一把宝剑献给越王，为保卫国家尽一份力。

欧冶子对他的妻子说：“我虽然年迈，不能上阵杀敌，却可铸剑救国。”为了践行自己的诺言，他与妻子在家中搭起草棚，筑起大锅，开始铸剑。然而，铸剑并非易事，很快问题就来了：剑不是太软，就是太脆，而且锋利度不够。正当欧冶子为此苦恼不已的时候，一位老者缓缓地走到他面前，对他说：“铸剑应当到湛卢山，那里有龙泉水可以冷却淬火；宝剑锋从磨砺出，那里有宝石可供你磨砺。”老者的这番话引起了欧冶子的注意，他将信将疑地上了路，前往湛卢山。

这湛卢山究竟有何神奇之处呢？原来这里不仅薪炭易得、铁矿丰富，而且有清冽的千年寒泉。天时地利，欧冶子立刻开始铸剑。他首先采集山上的精铁，然后把它加热到赤红，进行折叠、反复锻打。成型的剑身再次加热至一定温度后，猛地放入刺骨的泉水中，烧得火红的剑迅速得到了冷却。接着，他将宝剑埋于泥土之中再次覆烧，最后用坚硬无比的宝石反复磨砺剑身。

经过三年的努力，欧冶子终于铸造出一把锋芒盖世的天下第一剑——湛卢剑。他迫不及待地将这把精妙绝伦的宝剑献给越王，越王视之为国宝。公元前 482 年，越王勾践手持闪着冷光的湛卢剑，率三千精兵，成功将吴国击败，一雪前耻。

越王勾践剑（湖北省博物馆藏）

楚国铸剑

欧冶子为越王铸湛卢剑大获成功，名声大噪，因此也受到了楚王的盛邀，希望他也能为楚国铸剑。虽然欧冶子原本是不愿为楚王铸剑的，但此时楚国和越国交往甚好，也不好推辞。于是，欧冶子带着女婿干将和女儿莫邪来到楚国。他们走遍楚国的名山大川，寻觅铁英、寒泉和亮石这三件铸造宝剑的宝贝。

经过一番艰辛的锤炼，他们终于铸成了三口宝剑。剑铸好之后，欧冶子拿去献给楚王，楚王看到这三把剑寒气逼人，神光熠熠，非常高兴，他问欧冶子："这三口宝剑如此神奇，它们的神采各自象征着什么呢？有什么名号吗？"

欧冶子不紧不慢地回答说："三口宝剑各有名头，一口剑叫龙渊，一口剑叫泰阿，一口剑叫工布。"

楚王好奇地追问："这三个名字真是稀奇，为什么如此称呼呢？"

欧冶子胸有成竹地解释说："龙渊之风采，就像登高山之巅，俯无底之渊；泰阿之风采，就像奔腾之水，天地之合；工布之风采，就像高山流水之态，宛如一幅工整之锦。"

楚王听后，大赞欧冶子："妙哉妙哉，真可谓是铸剑之神呀！"

欧冶子一家在楚国受到优待，被尊为上宾，并成为楚国著名的铸剑工匠。然而欧冶子一想到自己所铸的宝剑在战场上厮杀，就一定会伤害士兵的性命，与自己的初心背道而驰，感到十分愧疚，就离开了楚国。后来，世人再也看不到欧冶子的踪影。或许，他出于对美好生活的向往，而选择归隐山林了。

爱国爱民

欧冶子追求梦想，为铸一把绝世好剑，不仅精心选材，还在铸造过程中精益求精。他对每一口剑都进行了精细打磨，千锤百炼，力求完美。他为了越国的崛起，铸就了神奇宝剑；他心怀苍生，为了人民而放弃自己倾尽一生的铸剑技艺，归隐山林。欧冶子的工匠精神、爱国精神以及爱民之心，都是值得我们学习的。

戴 梓

你知道世界上最早的“机关枪”是什么样子吗？你知道世界上最早的榴弹炮是谁造出来的吗？一个自诩精通武器制造的洋人花费了一年时间也没有造出来的武器，被一位翰林院的侍讲在很短的时间内就研制成功了。这位翰林院的侍讲又是谁呢？专门为皇帝或太子讲学的侍讲又是如何成为赫赫有名的武器制造工匠的呢？这些疑问都指向了一个“熟悉的陌生人”——火器工匠戴梓。

戴梓是谁？他有着怎样鲜为人知的传奇故事呢？

少有机悟

戴梓（1649—1726），浙江仁和（今杭州）人，自号“耕烟”，人称“耕烟先生”，晚年自号“耕烟老人”。

他出生的1649年，即顺治六年，清军大举入关已近6年之久，全国地方武装反清的运动此起彼伏，这一背景可能对年幼的戴梓产生了深远的影响。戴梓出生在杭州一个官宦之家，他的父亲戴苍曾任明朝“监军”，擅造军械，又好绘画，喜藏书。在父母的耳濡目染下，戴梓从小就酷爱读书，尤其对有关军事方面的书籍兴趣浓厚。戴梓喜欢将父亲所藏的兵器、机械反复拆卸，再完好地重装，他还经常研习绘画。如此一来，很多兵器图谱都被他完整地绘制了出来，这为他日后的发展奠定了基础。

清代初期，内有吴三桂、耿精忠、尚可喜的“三藩”割据叛乱，外有沙皇俄国的虎视眈眈。在这样恶劣的国内外环境下，戴梓开始了他的军事生涯，从事军械武器制造工作。在平定叛乱、击退沙俄侵略的战争中，他设计制造了很多新式武器，如连珠火铳（类似机关枪）、珐琅鸟枪和子母炮等，这些武器在战争中发挥了很大作用，也为他赢得了“威远将军”的美誉。

连珠火铳

所谓连珠火铳，就是能连续射击子弹的火铳，类似于后来欧美人发明的机关枪。戴梓是如何发明出“机关枪”的呢?

清康熙十二年，即 1673 年，吴三桂诛杀了云南巡抚朱国治，起兵造反，打着“反清复明”的旗号，走上了分裂国家的道路。康熙果断下令撤藩收权，将吴三桂、耿精忠、尚可喜三藩撤除，将他们的军权、财政权、人事权收归中央。次年，耿精忠为响应吴三桂的叛乱，自福建起兵进犯浙江。此时，清朝政府为了平定三藩叛乱，必须扩充军队，从小怀有报国理想的戴梓毅然从军。就这样，戴梓从家乡杭州随清军加入了抗击三藩的战斗中。在这期间，戴梓表现出非凡的才智和创造力。

一是发明活络运输车。

1676 年 9 月，康熙命康亲王率军进入福建作战，守将马九玉顽强抵抗，清军受阻。戴梓发现，清军在南方作战面临很多困难，尤其是福建山地多，不像北方草原那样平坦，以致军粮、木料以及其他战争补给运输特别困难。于是，戴梓设计制造了一种活络运输车，即能在山上行走的车子，这种车子有四个轮子，两大两小，车轮可以变换、装拆。上山时，小的轮子在前，大的轮子在后；下山时，大的轮子在前，小的轮子在后。这样既省力，又能提高运输效率。

二是上兵伐谋，主张劝降。

经过长时间的备战，清军准备与守将马九玉决一死战，戴梓向康亲王献计说：“上兵伐谋，其次伐交，上策是不战而胜。不如诚心劝导叛军马九玉，让他投降。”康亲王采纳了这一建议，派戴梓前往招抚。戴梓果然说动了马九玉，不费一兵一卒，马九玉即率众归降。

三是发明连珠火铳。

戴梓发明的连珠火铳，形状像琵琶，能储存 28 发火药铅丸，并能连续射击 28 发子弹。其设计原理是：以机轮开闭，两个扳机相互衔接。扣动一机，弹丸落于筒中；另一机随之联动，击石喷火，点燃火药而射出弹丸。这种先进的火器解决了旧式火铳一弹一装，装填弹药花费时间长，以及用于点火的火绳易受潮等弊端，提升了战斗力。

那么，戴梓是如何发明出连珠火铳的呢？为了适应战场需要，戴梓对过去的半自动火铳进行了改造。他反复研究诸葛亮发明的连弩，想把单发的火铳改造成连发的火铳。很快，戴梓凭借以往的经验，造出了第一支连珠火铳。在第一次试射时，弹丸互相卡壳，成了哑铳。戴梓反复检查，找到了原因并加以改进。后来又经过多次试验，连珠火铳终于试制成功。

连珠火铳很快被应用于战场。然而，遗憾的是，清政府迷信洋枪洋炮，对戴梓的发明不重视，几年后连珠火铳就被弃用了，至乾隆年间更是失传了。一百多年以后，外国发明了机关枪，其中的原理和戴梓发明的连珠火铳其实是相同的。

擢升翰林

平叛结束后，戴梓随康亲王进京，受到康熙的召见，并被授予翰林院侍讲，后进入南书房和养心殿。

戴梓为什么没有被提拔进入武备院，而是进入翰林院，成为一名皇帝身边的文官侍讲呢?

原来，戴梓不仅能制火器，他还能文会诗。

尽管戴梓身在养心殿，但他对各种机械制造还是十分着迷，不会放过任何一次亲自制造的机会。

相传，有一天，一位西洋使臣贡奉了一支名叫“蟠肠”的新式鸟枪，还十分狂妄地说：“中国不会制造这种鸟枪，中国工匠可能要等到一二百年之后，才能仿造这种鸟枪。”康熙听后面露不悦。

当时，戴梓恰巧在场，他反驳使臣说：“这种鸟枪并非什么新式武器。”康熙看着戴梓，下旨道：“戴梓，你也造出几支来。”

不久，戴梓就造出了一模一样的五支鸟枪，还创造性地使用珐琅作为涂料。

造子母炮

康熙年间，比利时传教士南怀仁来到中国，他向康熙吹嘘道：“子母炮是一种威力无比的新式武器，我们已经发明制造成功了。”康熙很想见识见识，就叫南怀仁造一门。南怀仁满口答应，趁机向康熙索要了一大笔银子。

一年之后，南怀仁用完了所有的银子，而康熙连子母炮的影子也没有见到。戴梓知道后，主动要求承担试制子母炮的任务。他在研究了欧洲的佛朗机炮（葡萄牙人传过来的一种“速射炮”）之后，只用了一个多月的时间，就把子母炮造出来了。试射时，只见炮弹像流星一样划过，坠地后发出巨响。

戴梓制造成功子母炮，被康熙赐名为“威远将军”。后来，在沙皇俄国的支持下，准噶尔发动了大规模叛乱。1696 年，康熙亲自率军征讨准噶尔叛军。在战役中，子母炮和连珠火铳让准噶尔叛军闻风丧胆。

磨剑半生

戴梓七十大寿时写诗自评："磨剑半生虚售世，著书千载枉惊人。"

他研制出的连珠火铳被认为是世界上最早的机关枪，他制造的子母炮被看作榴弹炮的前身，对世界军工发展作出了贡献。此外，戴梓博学多才，通晓历法、数学，并对绘画也很有研究，还发明了鸟钟（自鸣钟）、木偶人，提出过兴修水利的科学方法，著有《治河十策》。

跋

中华工匠的精神品格

一部中华工匠史，就是一部中华工匠的精神史诗。中华工匠不仅创造了辉煌的物质文明，而且给世界留下了宝贵的精神品格。

根于工正　持中守正

“巫史同工”是史前工匠文化的重要特征。史前匠人敬畏自然与神灵，用制器尚象的朴素理念为人类早期的器物生产提供造物原则，通过泥土和火焰的碰撞创烧了史前陶器，并创造了史前石器、玉器、漆器等史前巫史文化标识，谱写了一部巫史文明。他们用朴素的线条与符号，对自然、物象与宇宙进行原始表达，记录下人类童年时代的梦幻与精彩，形成了中华工匠的初始精神品格。

古人很早就用“正”来为工匠官职命名，如车正、陶正、木正等，显示出中华工匠精神的本源属性。“正”为王室官职，乃规范、标准之意，其内涵及行为指向坚守正义、守正为公、守正为民。早期中华匠人心系百姓，持中守正，以工正精神铸成了守正的精神品格。古公亶父不仅勤于营建匠事，胸怀“周原”，还礼让豳地；车正奚仲心系人民疾苦而苦思发明运输车辆，解决治水材料的搬运问题；“科圣”墨子始终站在服务人民的立场，勇于探索工匠造物实践……他们的守正精神成为中华工匠精神的内核。

立于司空　以民为本

至西周，《周官》有掌邦土、居四民、时地利的工官“司空”。汉魏中央和地方郡均设有少府、尚方、大司农等工官。至隋文帝时期，汉代“三公九卿制”被“三省六部制”所取代，工官体系的“少府”亦被“工部”取代。司空、少府与工部是中央集权制度和官僚体制的产物，司空制度、少府制度与工部制度为中华工匠精神的形成发展提供了制度前提，也促进生成了中华匠人的民本精神品格。

周代六官体系中，工官之冬官乃为司空。“司空”的概念语义场包含了“冬藏”与“闭空”的双重含义。所谓“司”，即管理之义，表达了工官对国家事务的承担与掌管；所谓“司空”，含有“闭藏”“空无”之义，工官的信条与宗旨要藏富于民，反映出工官以民为本的精神品格。周代工匠在司空制度体系下逐渐形成属于时代的工匠精神，即民本精神。

汉代，政府改“司空”为“少府”，以统管国家物资调配、器物生产以及山川田赋等。“少府”概念沿袭了“司空”的精神追求，它不仅有较强的中央集权性质或政府权力的语义内涵，还体现在国家对工官的政治立场以及民本态度上。在文化鼎新发展的汉代，工匠“争芳斗艳”，如将作大匠萧何、弃官专髹漆艺的隐士申屠蟠、革新造纸技术的尚方令蔡伦、长安“机关达人”丁缓、“学者型”水工徐商、地动仪发明者张衡等。这些汉匠勇于创造、敢于创新，他们在中国文明史乃至世界文明史上都光彩耀目。汉代开创了汉代工匠文化的新定向，诞生了近乎后世所有的工匠行业、部门与手艺品类，演绎出较为齐备的工匠文化体系性结构、要素和内容，也孕育出具有民本特色的汉代工匠精神品格。

臻于工部　自强创新

隋唐时期，以工部制度为保障，以劳动人民的创造为依托，已然产生了与时代相适应的中华工匠精神。大唐的文化气象建立在辉煌的物质文明基础之上，唐三彩、唐金银器、唐刀、唐镜等折射出唐代工匠精神的神采与光芒，唐物的定名及其意指也蕴含丰富的时代体征与社会信息。唐代诗人皮日休笔下的“库露真”漆器显示了中国南北民族工匠文化的交融态势；史料上记载的东南亚市场上的“唐货”是唐代与海外工匠进行文化交流的历史见证；唐代和亲政策中的陪嫁工匠以及蜀地工匠被大量掠入南诏的历史事件也反映出工匠的国内流动；李皋发明“车轮船”体现了唐代交通运输工具的革新；雕漆与金银平脱的创新发展显示出唐代工匠技术的进步；唐代的工匠已经开始用诗文、书法装饰器物，进而形成了工匠派绘画新风格；“端午节制镜”“上梁祭祀鲁班”等反映出唐代工匠的文化习俗与日常精神；“物勒工名”的流行以及城市“行”的出现显示唐代工匠行业制度逐渐成熟。显然，唐代工匠的创新精神品格使得工匠文化走向历史新高，确定了唐代工匠精神的新方向。在国家统一和文化大融合中，唐代工匠在诸多领域展现出超越、尚大、创新、开放等精神，彰显出唐代国家制度对工匠精神品格的涵养与推动。

宋代，中华工匠开创了转型时代的新精神品格与风尚。活字印刷、航海罗盘、火药等得到发明或应用，“中国科学史的坐标”——《梦溪笔谈》面世，还涌现出成千上万的中华名匠，共同锤炼出独特的宋代工匠精神品格。宋代工匠在精雕细琢、极简主义和职业敬畏等方面表现出工匠精神品格的新气象。当然，他们也没有丢掉传统工匠一如既往的创新精神。譬如活字印刷术发明者毕昇，在宋刻雕版一片繁华中窥见“死板”的缺陷，开始进行“活板”试验，最后改进了雕版印刷工艺。总体来看，宋代工匠精神已然朝向理性精神和美学精神迈进，这无疑是中华工匠精神品格走向成熟的显著标志。

卓绝典范　至善求真

明清时期，在工部制度的推动下，中华工匠精神出现了垂范后世的品格典范——人文精神和科学精神。

伴随明代社会发展以及国家对工匠制度的不断调整，工匠群体的处境也在不断变化与调适。明早期的工匠制度主要是承袭元代，工匠群体以世袭匠户为主，处境极其困苦；明中期国家对工匠制度有所调整，工匠群体以轮班匠、住坐匠和军匠为主，工匠处境略有改善；明晚期的工匠制度较为松散，工匠群体中文人或知识分子突起，这类工匠的处境较为宽松。明代工匠精神的人文传统具有历史进步性，能够主动适应日常化和人文化社会的发展需要，诞生了漆工黄大成、木工蒯祥、玉工陆子冈、瓷工童宾、军匠杨埙、雕工鲍天成等一大批具有人文精神追求的出色工匠，他们的创造及其作品展示出明代工匠精神至善的人文化美学倾向。或者说，在明代，大量文人参与工匠造物活动，由此铸就了具有世界影响的明代工匠精神的人文品格，形成了中华工匠精神的人文精神典范。

至明清之际，顾炎武、王夫之、魏源等一大批思想家大力提倡致用实学，崇尚求真的科学精神。在此背景下，清代的工匠也在造物中与时俱进，顺应时代发展，不断淬炼出求真务实的科学精神，出现了样式房雷金玉、督陶官唐英、罗盘匠吴鲁衡、针神沈寿、巧匠徐寿、发明家黄履庄、巨匠邹伯奇等一大批中华名匠，他们秉持家国情怀，在创新实践中不断追求人文精神与科学精神，共同铸就了中华工匠的科学精神品格。

如切如磋，如琢如磨。有多少独具匠心的中华瑰宝，就有多少不可磨灭的精神传承。中华工匠精神根于工正、立于司空、臻于工部。在制器尚象中发轫中华工匠的守正精神，在制度涵养中铸造民本精神内核，在人文情怀与崇尚科学中冶炼出至善求真的精神典范。中华工匠是中华民族精神的承载者、实现者、体现者，他们的精神品格是中华民族精神品格的重要体现。

2024 年 6 月